イタリアの田舎町マルケの旅

anikò オーナーシェフ
井関 誠
Iseki Makoto

CAMPAGNA ITALIANA MARCHE VIAGGI

西日本出版社

「なぜマルケ料理のお店をやっているの？」
とよく聞かれます。

イタリアにはいいところがたくさん
ありますし、別に、何が何でもマルケが
一番というわけじゃないです。

でも、心が温まる、
おいしい食事があります。

一度見たら忘れられない、豊かな自然があります。
好奇心を満たしてくれる、
世界遺産をはじめとした名所があります。
言うなれば、マルケは手垢がついてない
穏やかで懐が深い場所。
そこには、人々を惹きつけてやまない、魅力があるのです。
さぁ、マルケへの旅をはじめましょう。

クプラ・マリッティマ駅（アスコリ・ピチェーノ県）。

色とりどりの
ジェラートにワクワク! ▶P129

土着品種のワインも
思い切り堪能 ▶P122

波の音を聞きながら味わう海の幸 ▶P90

職人技が冴える本場のジェラート ▶P129

大人気のラザニアは
マルケ発祥 ▶P144

ワインが進む生ハムや
サラミなども充実! ▶P19

気楽に入れる
カジュアルな食堂 ▶P101

マルケは食材に愛された街。
イタリア料理の究極系が
ここにあります。

世界が賞賛する美しいビーチで
リラックス ▶P70

海あり、山あり、洞窟あり。
自然の美しさに圧倒されます。

Terra

自然がつくり出した
造形美 ▶P74

木陰の小径を抜けて
いざビーチへ ▶P88

クリアな海水が映える
ポルトノーヴォのビーチ ▶P88

高原に咲き乱れる
美しい野生の花に感動! ▶P26

海も山も同時に楽しめる
マルケの国立公園 ▶P22

ウルビーノのシンボル
大聖堂は荘厳な美しさ ▶P102

街全体が世界遺産。
中世イタリアの世界へ誘います。

今も中世の面影を残す歴史地区 ▶P102

見応えのある著名な絵画の数々 ▶P103

宮殿内にある
国立マルケ美術館 ▶P103

二つの塔が特徴的なドゥカーレ宮殿 ▶P102

マルケはイタリアのふくらはぎ

ミラノ

世界のモードをリードするファッションの中心地。歴史とモダンが融合した洗練された都市。

ヴェネツィア

ラグーンの上につくられた水の都。小さな島々、運河、ゴンドラなど独特の美しさと魅力を持つ。

フィレンツェ

花の都といわれる優雅で魅惑的なルネサンス発祥の地。美術、建築、文化が息づく歴史的都市。

ローマ

古代遺跡、壮麗なバチカン、芸術と歴史が交錯する永遠の都。コロッセオなど世界遺産多数。

ナポリ

美しい海岸線と活気ある市街地のコントラストも魅力的。本場のナポリピッツァが味わえる!

ブーツに例えられることが多いイタリア。マルケ州は、そのふくらはぎ辺りに位置しています。東側にはアドリア海が広がっており、リゾート地も多いのが特徴です。西側に広がる山では、ワインやトリュフの生産が盛んです。また、北と南の文化が出会う地域でもあるため、その影響がマルケ料理には色濃く出ています。海と山に囲まれているので、食材も豊富です。

東京＋埼玉＋神奈川ぐらい 広大なマルケ

※アンコーナを起点にした移動時間です。

マルケ州は、面積が9694㎢と、東京、埼玉、神奈川を合わせたくらいの大きさがあります。人口は約145万人で、州都はアンコーナ。美しい景色や歴史的な街並みなど、魅力的な観光地が数多く存在します。程よい田舎町であるマルケ州は、ゆったりとした空気が流れているで、心から落ち着くことができるのです。一度訪れたら、きっとまた戻ってきたくなりますよ。

はじめに

はじめまして、井関 誠です。

僕のはじめての著書を手に取ってくださり、ありがとうございます。

僕は、赤坂にあるイタリア、マルケ料理を提供する「ａｎｉｋò（アニコ）」のオーナーシェフをしています。店名の「ａｎｉｋò」はマルケ州の方言で「たくさんのものを少しずつ」という意味があります。その名の通り、お客様には僕の料理を通じてたくさんのおいしい体験をしていただきたいと思っています。お陰さまで今ではミシュランのビブグルマンに4年連続で掲載していただけるほどの店に成長しました。

料理との出会いは20歳のとき、故郷の広島から上京し、都内のレストランで修業を始めたことからでした。そして２００４年には渡伊し、ピエモンテ州のバローロ村、トスカーナ州のマレンマ地方、マルケ州のセニガリアで計10年間修業しました。

イタリアでの修業は、ワインの王と呼ばれるバローロワインの産地、ピエモンテ州バローロ村から始めました。ここで3年間を過ごし、ワイナリーめぐりをはじめ、ワインの真髄を学びました。次に向かったのはトスカーナ州の田舎町マレンマ。ここではミシュラン二つ星の店「ブラカリ」で腕をふるいました。ビステッカやイノシシ料理など、トスカーナを代表する料理を焼き続け、その技術を磨きました。

そして修業の最後の日々を過ごしたのがマルケ州セニガリアです。ミシュラン二つ星のレストラン「マドンニーナ・デル・ペスカトーレ」で5年間修業を積み、日本人初のメインシェフに抜擢されました。また、AIS認定ソムリエ資格も取得し、料理とワインの融合を深めることができました。

こんな僕の料理を多くの方に味わっていただきたいのと同じくらい、僕が最後に行きついた土地、マルケについても多くの方に知ってもらいたい。本書はそのような思いから筆をとりました。海外旅行が好きな方にも、はじめて海外に行かれる方にもマルケは魅力的に映るはずです。この本を読んでマルケを訪れてくださったら、これほど嬉しいことはありません。

2025年3月　**井関 誠**

Contents

Chapter 3 はじめてのマルケを楽しみ尽くそう

Chapter 4 ちょっと足を延ばして田舎へ行こう

chapter

1

マルケへ
行ってみよう

理由 1

一度食べたらやみつきに マルケ料理を日本人が好きな3つの理由

シンプルながら手の込んだものが多いマルケの伝統料理。名物の「オリーヴェ・アスコラーネ」は、オリーブの中に香味野菜やチーズと混ぜた肉のフィリングを詰めて揚げたもの（P93）。

また「ラザニア」は、マルケの伝統料理の一つなんです。シート状のパスタにミートソースやベシャメルソースを何層にも重ねます。日本人も大好きな「ラザニア」を郷土料理として愛している土地の料理ですから、きっと日本人の口に合うはずです。

南北イタリア料理のおいしいとこどり

黒トリュフが香るトルテッリ。
マルケならではの料理が楽しめます。

イタリアの中間に位置するマルケは、北部と南部が融合した料理が多いのが特徴です。例えば中〜北部でよく使う生パスタに、南部らしい魚介を合わせたりします。東のアドリア海と西のアペニン山脈に囲まれて魚料理も肉料理もおいしく、さらに白トリュフの名産地でもあり、バリエーション豊かな食事が楽しめます。

理由 2 白ワインと魚介料理が美味

左 マルケのワインは世界中にファンがいます。
右 白ワインと相性抜群の魚介料理。

マルケのワインとして世界的に有名な「ヴェルディッキオ」。イタリア土着のブドウ品種・ヴェルディッキオで作る白ワインです。魚介類との相性抜群で、アドリア海の新鮮な魚介類がいつでも食べられるマルケでは、このワインと合わせるためにさまざまな魚介料理が発達しました。毎日食べたいほどのおいしさです。

理由 3 格付の高い食材、レストラン

ミシュランの三つ星レストランはイタリアに14店あり、そのうちの1店がマルケにあります。また、EUが認定するDOP（保護指定原産地表示）は、地域の伝統的製法によって作られる優良な食品の証明で、マルケにはチャウスコロというサラミ、カステルッチョのレンズ豆、カルトチェートのオリーブオイルなど、DOP取得の確かな食材が多いのもおいしさの理由です。

EUも認めるチャウスコロ。

偉大な芸術家ラファエロ、ロッシーニの故郷

世界遺産に加えて芸術も見どころ満載

世界遺産であるウルビーノの街並み。

マルケは芸術も存分に楽しめる州です。まずは、世界文化遺産の「ウルビーノ歴史地区」。ウルビーノは中世にタイムスリップしたような古い街並みが広がっている都市です。

かつてここにウルビーノ公国という国家がありました。当時のままの城壁が残っており、立派な城門をくぐるのですが、このエントランスからしてカッコよく、かなりテンションが上がります。ルネサンス期の建物を左右に見ながら、石畳の坂道を登って町の中心地に到着します。

ウルビーノで僕が一番印象に残っているのは「ラファエロの生家」。そう、ここはルネサンス最盛期の画家、ラファエロ・サンティの故郷なのです。生家には幼いラファエロが描いたという絵画や、彼の机などが展示されていました。

ウルビーノのシンボルであるドゥカーレ宮殿は、現在、「国

巡礼地となっているロレートの大聖堂。

イタリアを代表する画家ラファエロ・サンティ。

立マルケ美術館」として多くの美術作品を見せてくれています。有名な絵画としてはピエロ・デッラ・フランチェスカの「セニガリアの聖母」「キリストの鞭打ち」、作者不明の「理想都市」、ラファエロの「黙っている女」などです。

僕は美術を学んだわけではありませんが、やはりラファエロの絵は心に沁みます。世界遺産の美しい町の中でこうした数々の名作を見るのは、極上の体験になりそうです。

音楽好きなら作曲家ロッシーニの生誕地・ペーザロも必訪でしょう。音楽学校や劇場など至るところに「ロッシーニ」の名が見られ、彼の生家も見学可能です。『セビリアの理髪師』や『ウィリアム・テル』などのオペラで知られるロッシーニだけに、例年8月には「ペーザロ・ロッシーニ・オペラフェスティバル」という一大音楽祭が行われています。

また、ロレートにある巨大な教会「サントゥアリオ・デッラ・サンタ・カーザ」もおすすめ。中の「ナザレの家」では黒いマリア像が祀られ、レリーフの荘厳な美しさは必見です。

海好きのイタリア人も認めるビーチの美しさ
アドリア海をはじめ恵まれた大自然に包まれよう

アンコーナでは洞窟を家にしているところも。

イタリア人はとにかく海が大好き。誰もがちょっとでも暖かくなると、少しでも時間を見つけてはビーチに出ます。そして、そこでひたすら日光浴。時々海に入って体を冷やしたらまた甲羅干し……をくり返します。これがイタリア人にとっては至福のときなのでしょう。

僕が修業していた店も目の前が海だったので、スタッフは皆、休憩時間でもビーチに出ていました。

美しいアドリア海に面したマルケ州には、そんなイタリア人も大満足のビーチがたくさんあります。

マルケの少し北にあるリミニからは砂浜のビーチが続き、南下していくと砂利の浜に変わります。僕が暮らしたセニガリアも砂利のビーチで、そこからアンコーナまで小石のビーチが続きます。

さらにその南に行くと、景色が一変してコーネロ山がそびえ立ち、辺り一帯は「コーネロ山州立公園」になります。

コーネロ山州立公園から見たアドリア海。

山に沿ったビーチは「リビエラ・デル・コーネロ」といわれ、入り江や岩の多い小さな浜がたくさんある一帯になり、コーネロ山を麓から見上げるようなダイナミックさが味わえます。

このようにマルケでは同じ海沿いでも趣きの異なるビーチを楽しむことができるのです。

また水質、環境面、サービスなどで高い基準をクリアしたビーチを認証するブルーフラッグというヨーロッパ発祥の制度がありますが、マルケはイタリアでも1、2を争うブルーフラッグ取得ビーチが多い地域です。そのため、夏になるとマルケのビーチリゾートには、国内はもとより、ヨーロッパ中からの観光客が大挙して押し寄せているのです。

一緒にいて心地よい

マルキジャーニは温かい人たちばかり

トスカーナの修業先で、文化の違いに苦しみ飛び出してきた僕を、温かく迎えてくれたマルキジャーニ（マルケの人々）。

マルケでの僕の師匠は、何も聞かずに僕を雇い入れてくれた心優しい人で、もちろん料理の腕は言わずもがなの超一流。本当に、彼がいたからこそ今の僕があると思います。

自分がマルケで5年以上も修業できた理由の一つは、マルキジャーニの温かさ、そして人間関係がよかったことでしょう。マルケは人と人との距離感がちょうどいいのです。

マルケで、歩いていたおじさんに道を尋ねたことがありました。後で、その人とまたすれ違ったら、向こうから挨拶してくれました。マルケはそういうことが結構多いのです。

また、僕は海の家を管理しているところに入り浸っていたのですが、そこは船の持ち主が集まる場所で、皆でウインドサーフィンや寿司パーティーをして楽し

北イタリアよりも冷たくないし、
南イタリアよりも近くない。
人と人との距離がちょうどいい。
それがマルケの人々
＝マルキジャーニです。

友人家族との思い出は人生の宝物の一つ。

お世話になったマンマのご家族と著者（右端）。

く過ごしました。彼らとは今でも交流が続いています。マルキジャーニは国籍を問わず受け入れてくれ、居心地がいいのです。

マルケの友人の家に泊めてもらったときのことです。友人は僕を駅まで車で送ると言い、まだ時間があるので途中のバール（カフェ兼居酒屋）でカプチーノを飲もうということになりました。僕が「そろそろ時間だから行かなくちゃ」と言っても、「まだ大丈夫。もう少し話をしよう」と彼が言うので、その通りにしていると、案の定、電車に乗り遅れました。イタリアあるあるです（笑）。

すると彼は「じゃあ目的地まで送っていくよ」と言うのです。駅までなら車で10分ですが、目的地までは小一時間はかかります。彼も仕事があるのに、「俺がなんとかするから」と言ってくれました。彼らは自分の損得ではなく、楽しい時間を過ごすことに重きを置いてくれます。しかも責任感が強いので、少々の犠牲は気にしないのです。彼だけでなく、途中はちょっと緩くても、結局最後はなんとかしてくれるのがマルキジャーニ。温かくて、頼りになる人たちだと思います。

夏はビーチ＆イベント！　冬は芸術鑑賞三昧！

マルケは季節によって魅力が変わる

Spring

春は自然が美しい季節。山菜や春野菜もおいしく、人気の春トリュフも味わえます。また隣のウンブリア州の町カステッルッチョでは6月中旬頃、高原の一面に花々が咲き乱れる絶景が見られます。

ポピーやレンズ豆の花が咲く人気スポット「天空の花畑」。

Summer

ビーチ沿いをドライブするのも心地よい季節。

ビーチが賑わう夏。「ペーザロ・ロッシーニ・オペラフェスティバル」などイベントも盛りだくさん。特に7月下旬、セニガリアでの「サマージャンボリー」（オールディーズのフェス）はおすすめです！

Autumn

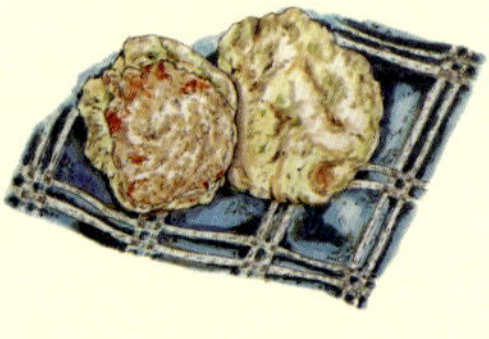

秋は穏やかな季節で、シビッリーニ山でのトレッキングが楽しめます。9～12月にかけて白トリュフが旬。10月、11月頃アクアラーニャなどトリュフの産地では「白トリュフ祭り」が行われます。

芳醇な香りと豊かな風味を持つ白トリュフ。

Winter

冬の気温は東京と同程度。雪はあまり降らず、観光客が減って動きやすいので美術館めぐりなど芸術に触れるのに向いています。イタリアでクリスマスも素敵。温かい料理が一層おいしい季節です。

サンタはイタリア語では「バッボナターレ」。

海と山に挟まれたマルケには、
それぞれの町に異なる顔があります。
自然や料理はもちろん、
その歴史や伝統も魅力。
そこにマルキジャーニの
親しみやすさも加わって、
何度も行きたくなるのです。

知れば知るほど
新たな魅力を発見できる

行くたびに深みにハマるマルケ

一度目の旅

フィレンツェ▶アンコーナ▶セニガリア

定番のフィレンツェ（トスカーナ州）観光後マルケ州に入り、州都のアンコーナ、そして美食の町セニガリアへ。

船から見たアンコーナの港町の風景。

二度目の旅

ペーザロ▶ウルビーノ▶サンマリノ

ロッシーニの町ペーザロから、歴史と伝統の世界遺産ウルビーノへ。サンマリノ共和国まで足を延ばすのも◎。

城壁に囲まれた旧市街が見られるウルビーノ。

三度目の旅

アスコリ・ピチェーノ▶モンテファルコ

名物料理のあるアスコリ・ピチェーノからウンブリア州に入り、ワインの産地モンテファルコまで「食」の旅。

夜の広場でゆったりとお酒を楽しむのもいい。

四度目の旅

ロレート▶ジェンガ

巡礼の地ロレートで教会を見学した後、フラサッシ鍾乳洞のある町ジェンガへ。歴史と自然を堪能しましょう。

ロレートのサントゥアリオ・デッラ・サンタ・カーザ。

井関誠。anikòの店内にて。

モレーノシェフに学んだマルケの修業時代

運命に導かれるようにマルケへ

僕はイタリア渡航前から最終目的地をマルケに決めていたわけではありません。さらに言えば最初から料理人を目指していたわけでもないのです。偶然の出会いが重なって、イタリアで料理修業をすることになりました。もちろんそこに僕の意思、判断もあります。ただ、多くの人との出会い、インスピレーション、偶然の積み重ねで今があると思っています。

実は人生なんてそんなものだと思いませんか？　雷に打たれたように衝撃的な閃きがあるとか、何かに突き動かされたようにその目標に向かって一心不乱に突き進む……なんてことは案外少ないように僕は思っています。

セニガリアのシンボル。
ロッカ ディ セニガリア城。

修業時代を過ごしたセニガリアの街並み。

そもそも僕がマルケに来たのは、トスカーナで修業をしていたとき、そこのシェフと喧嘩して店を追い出されたからなんです。当然、次の食いぶちを探さなければいけない。そのとき、いくつか募集があったうちの一つがマルケの店でした。

それまでは肉料理が多かったから魚をやってみたいなという気持ちもありましたし、モレーノ・チェドローニは、独創的な魚料理を提供するシェフとして有名でしたから、彼の技術を学んでさらにステップアップしたいという思いもありました。

それで履歴書を送ったらシェフから「すぐ来い」という電話があり、あまり深く考えることもなく、軽い気持ちで「行きます」と答えました。そうやってたまたま行った場所がマルケのセニガリアだったのです。今考えればそれも運命ですね。

マルケには5年間住んでいました。改めて考えると、そんなに長くいたのは海があったからかもしれません。アドリア海に面したマルケのビーチは本当に美しいです。どこまでも広がる海岸

店内は温かな雰囲気に包まれている。

5年間修業した
マドンニーナ・デル・ペスカトーレ（P59）。

線を散歩するだけで嫌なことも忘れて前向きな気持ちになれました。

海の仲間もできて、ウインドサーフィンなんかをよく一緒に楽しみました。セニガリアでの朝はウォーキングを日課にしていました。透明で美しい海を眺めながらゆっくりと歩く。今思えば、最高に贅沢な時間です。

その後、店に向かい、着いたらまず職場の仲間たちにコーヒーを入れました。エスプレッソだけでなく、カプチーノや紅茶を飲む人もいたので、好みに合わせて10人分くらい、毎日入れていましたよ。ドルチェの担当者がクロスタータ（ジャム入りタルト）を用意してくれて、それが就業前のシンプルなイタリア流朝ごはんです。

僕はベテランと言われる立場になってからもコーヒーは入れ続けていました。というより、ほかのスタッフには絶対やらせなかった。それは、そういう毎日のルーティンから得られるものが必ずあると思っていたからです。最初の頃のことを忘れると後になってから何か踏み外すこともある。初心忘れるべからずという感じでしょうか。

駆け出しの頃のマインドを思い返せば、絶対戻ることができる――。僕にはそういう信念というか、こだわりのようなものがありました。今でも僕はイタリア修業時代のこと、特にマルケでの経験を絶対に忘れないようにしています。

偶然に導かれたようにやって来たマルケでしたが、そこは僕が振り返るべき特別な場所になりました。何かに行き詰ったとき、ふとモレーノが話していたことが思い浮かびます。そして毎朝のウォーキングで見たマルケの青い海、ベランダでともに料理修業をする仲間たちと語り合ったこと、毎日欠かさず入れ続けたコーヒーのことを思い出しています。マルケは手垢がついてない穏やかで懐が深い場所。そこは僕の原点なのです。

修業時代にお世話になったみなさんと。

COLUMN

僕の“好き”が詰まった場所

anikò（アニコ）という名のレストラン

店の前での一枚。

マルケの温もりを感じるアットホームな店内。

僕がオーナーシェフをつとめる東京、赤坂のレストラン anikò（アニコ）は、マルケの郷土料理とワインを気軽に愉しんでいただける店です。

でも、実はイタリアを離れるまで、自分の店をこういったコンセプトにすることは考えていませんでした。実際に事業計画書を書くにあたって、改めて考えたのです。僕が本当に好きなもの、やりたいことはなんだろうと。その結果、自分の中から湧き出てきた言葉が「マルケ」だったんです。離れてみて改めてマルケの魅力に気づいたというか、地元の食材に寄り添うマルケの郷土料理を、日本でもワインに合わせて食べていただければ、そんな嬉しいことはないなと思ったのです。

店名の“anikò”とは、マルケの方言で「たくさんのものを少しずつ」という意味で、たくさんの人を幸せにしたいという想いを込めています。

実はセニガリアに同じ名前の店があります。僕の師匠モレーノがオーナーのバールです。その店が大好きでよく行っていたこともあり、師匠の許可を得て、その名をもらいました。ぜひここで、マルケ料理の魅力を知ってもらいたいですね。

chapter 2

初心者にもやさしい マルケへの旅準備

マルケへの直行便は？

日本からマルケへはどう行けばいいの？

残念ながら、日本からマルケ州への直行便はありません。マルケへ行くには、まずイタリアの首都であるローマを目指しましょう。

イタリアの航空会社ＩＴＡエアウェイズ（ＡＮＡとコードシェア提携）の直行便を使えば約14時間でローマに到着しますし、乗り継ぎの不安もないので、初心者にもおすすめです。

価格重視であれば、南回りといわれる中東経由のエミレーツ航空やカタール航空などが第一候補になるでしょう。ローマ到着までに約18時間と、直行便に比べると長時間のフライトとなりますが、旅行客に人気のあるルート。そのほか、台湾や韓国を経由するアジア系のエアラインも比較的安く、時間的には中東経由より早い場合が多いです。

欧州内で乗り継ぐならアンコーナにあるマルケ空港に直接飛行機で入ることもできます。日本のＪＡＬやＡＮＡも欧州直行便や夜間出発便もあって便利ですが、値段が高いことが多いです。

僕はルフトハンザドイツ航空など欧州系航空会社を利用して、フランクフルトなどで乗り継いで、イタリアへ入ります。航空券の価格や出発時間、所要時間などを考慮すると都合がいいのです。

それぞれに自分の旅のスタイルに合ったフライトがあるので、ぜひ見つけてみてください。

日本からマルケへのルート

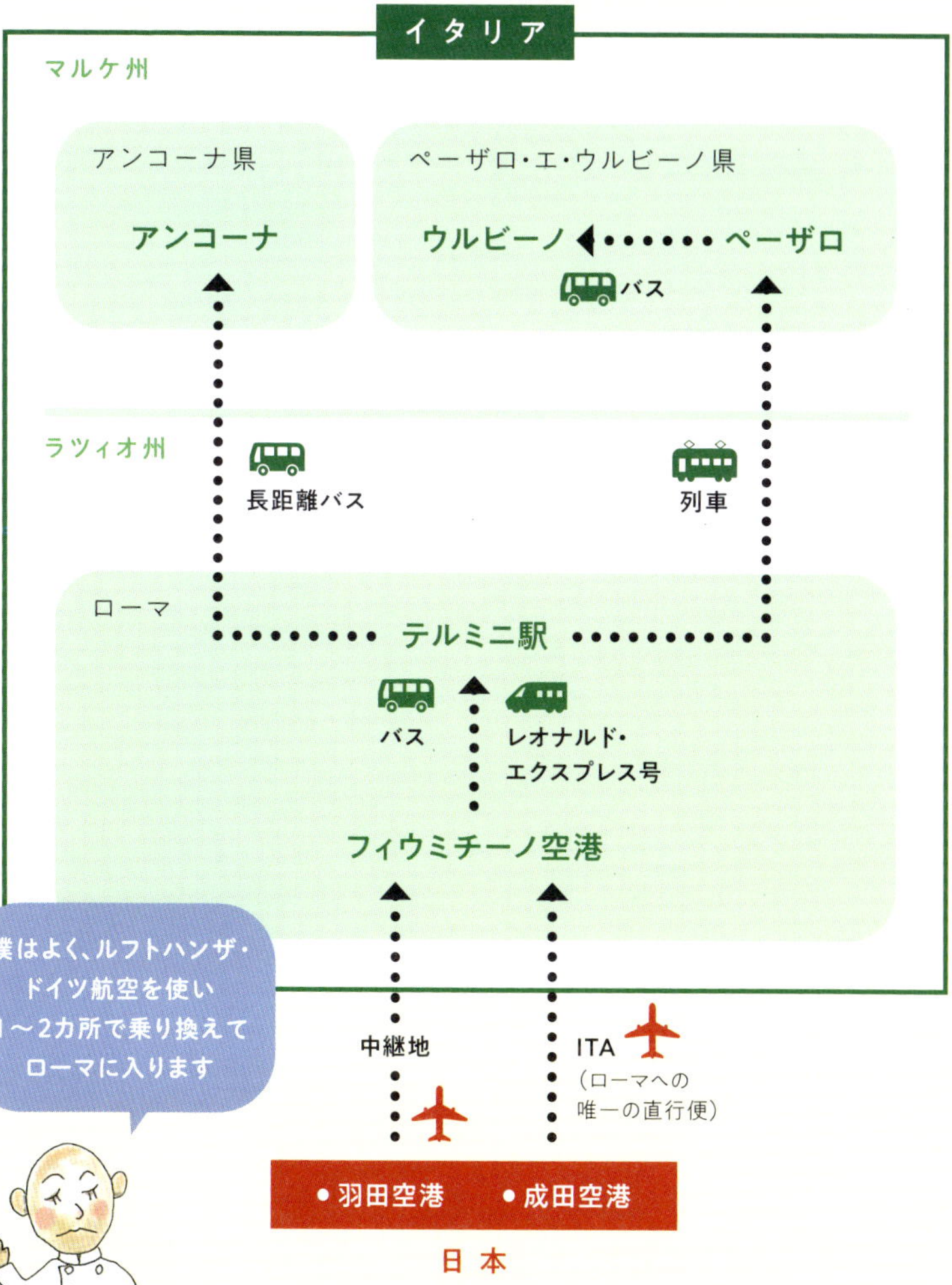

※2024年12月には、羽田空港からミラノ近郊のマルペンサ空港までのANA直行便が就航開始。ミラノ中央駅からも長距離列車でアンコーナに入ることができます。

乗り継ぎ旅を楽しもう

ローマ経由でマルケを目指す

ローマに行くには、玄関口となるフィウミチーノ空港（別名レオナルド・ダ・ヴィンチ空港）を使います。そして、フィウミチーノ空港からマルケ州に入る際は、ローマ中心部のターミナルであるテルミニ駅を経由します。直通列車の「レオナルド・エクスプレス」、もしくはバス、タクシーでテルミニ駅に向かい、そこから長距離列車に乗り換えると快適です。

35ページの図でおわかりのように、日本からマルケまでは一直線には行けないため、少し面倒に感じられるかもしれません。そう感じる方は、日本の代理店が主催するツアーを利用するのも一つの手です。

マルケへのツアーは多くはないですが、世界遺産のあるウルビーノを回るツアーはあります。ウルビーノのような内陸の町は、おそらくバス利用になるので自力ではハードルが高くなりますが、ツアーならおまかせでよく、ガイドがつくならさらに充実した観光ができるでしょう。英語でのガイドになるかもしれませんが、イタリアで現地のツアーを利用する方法もあります。予約の手配が不安なら日本の旅行会社が代行サービスをしていることもあるので、ご相談を。

有名な観光都市ではないからこそ、自分で準備をするのも旅の醍醐味です。

機内での過ごし方は？

機内のサービスとしては最初に飲み物が出て、次に食事が出て、その後暗くなって寝ることになりますが、僕の場合はその間に、本を見ながらどこの店に行こうとか、旅の詳細なプランを立てることが多いですね。あとは、イタリア行きならイタリア語の映画があるので、それを見てイタリア語に耳を慣らしておくようにしています。

機内に持って行くといいものは？

海外でスマホのバッテリー切れはかなりの痛手。航空会社や機体により違いはありますが、機内で充電できることも多いので、充電器と変換プラグ（イタリアはタイプC）は常に持っておきましょう。またモバイルバッテリーは預け手荷物にはできないので、必ず機内へ。ただし持ち込める容量（ワット数）に制限があるので、事前に確認しましょう。

空港での過ごし方は？

機内のインターネットはスローなことが多いので、スマホを使って現地のことを調べるなら、空港でやっておいた方がいいかもしれません。またこれは空港にもよりますが、時差ボケを考えると、空港でも機内でもなるべく寝ておいた方がいいと思います。疲れさえとれていれば、到着後からすぐに動けますからね。

先に知っておきたいお土産豆知識

市内で買ったサラミやハムなどの肉類は残念ながら機内に持ち込み不可です。マルケ滞在中に心残りのないように食べてきてください。同じマルケ名物でもトリュフ（ただし土の付着のないものに限る）はお土産にできます。またワインなどの酒類も一般的なフルボトル（750ml）で3本までなら免税で持ち帰ることができます。

左 イタリア最大の国際空港、フィウミチーノ空港。
右 国営のITAは2021年から運行を開始。

イタリアに着いたらターミナルを目指す

空港から「終着駅」へ3つの移動手段

TRAIN

電車

ローマの玄関と呼ばれるフィウミチーノ空港に着いたら、「終着駅」を意味するイタリア最大のターミナル駅、テルミニ駅を目指します。空港にあるフィウミチーノ駅からは、「レオナルド・エクスプレス」という テルミニ駅までの直通列車が出ています。ノンストップなので30分ほどで到着します。

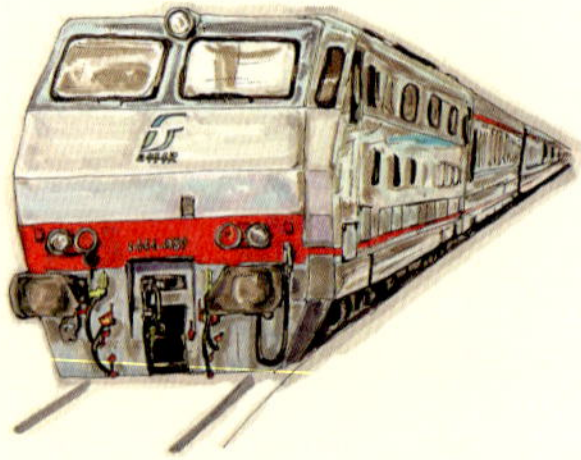

BUS

バス

とにかく料金を安く抑えたいなら、バスの利用がいいでしょう。複数のバス会社がフィウミチーノ~テルミニ間を運行していますが、料金はだいたい10ユーロ以下と格安です。途中の停留所にも停車する便が多いので、降りる場所を間違えないように。

TAXI

タクシー

快適にローマのホテルまで直接行きたい人にはタクシーが便利。ローマ中心部なら40～50ユーロ程度の定額料金で行けます。ただしスーツケースは一人1個まで。それを超えると追加料金がかかります。金銭目的の違法な白タクにも注意が必要です。

マルケの前にちょっと立ち寄り
マルケ旅行にローマ観光をプラス

ローマではバチカン市国の魅力も味わえる!

マルケに行くために、ローマ市内のテルミニ駅に着きました。ただ、このまま素通りするのはもったいない……。

永遠の都・ローマは見るべき観光スポットが多いので、初日か最終日に1日滞在すれば、市内観光や買い物ができますし、マルケとはまた違ったローマのおいしいものを食べることもできますね。僕はだいたいマルケに行く前日にはローマのホテルに泊まってゆっくりすることが多いです。

フィウミチーノ空港からテルミニへ。

ローマからマルケへ移動しよう

ローマからマルケへは電車がおすすめ

TRAIN

電車

テルミニからマルケの町に入るのに一番快適なのが電車。イタリアは時間にルーズなイメージがありますが、比較的オンタイムなので僕は電車一択です。アンコーナなどへの長距離列車はインターネットで事前予約もでき、初心者にもおすすめ。特に海沿いの町の移動は列車が一番便利です。

BUS

バス

電車が通っていないウルビーノなどの内陸の町に行く際には、アンコーナからペーザロへ列車で移動し、そこからバスで移動するのが一般的です。またテルミニ駅からもウルビーノまでの直通のバスがあります。イタリアの長距離バスの運転手さんは飛ばし屋も多いので気をつけて。

TAXI

タクシー

タクシーの利用はもちろん、運転に慣れている人はレンタカーを借りるのも一つの手。また、予約をすればハイヤーなどの専用車をチャーターすることもできます。費用はかかりますが、移動がスムーズになるので、より多くの観光スポットをめぐりたい方にはおすすめです。

マルケでおすすめの移動手段

BIKE / WALK

自転車/徒歩

マルケについてからは、アンコーナのような大きい町であればバスも使いますが、小さなマルケの町は徒歩で観光するのが基本です。また、海沿いの町にはホテルなどにレンタサイクルもあります。マルケの海を見ながら自転車で走るのは、とても気持ちがいいです。

券売機売場は観光客が多いので一目瞭然。

翻訳アプリを使えば自動券売機でも簡単。

日本とは異なるルールなので要注意

知っておきたい電車とバスの乗り方

イタリアの一部地域には日本と同じような交通系ICカードがあり、専用の販売機で購入とチャージが可能です。一部都市では、クレジットカードのタッチ決済で電車やバスを利用できます。

駅で切符を買うなら窓口か券売機ですが、駅員でもないのに券売機の使い方を教えてくれる人は後で法外なお金を要求してくることがほとんどなので要注意です。

減ってきたとはいえ列車の遅れはまだあるので、駅の電光掲示板では出発ホームと遅延情報を確かめます。

改札はありませんが、窓口や券売機の打刻機で乗車日時を打刻する必要があります。忘れると車内の検札で罰金を払うことに。

チケットを買うときに便利なイタリア語

- Un biglietto per favore
  (ウン ビリエット ペル ファヴォーレ)……チケットをください
- Sciopero(ショーペロ)……ストライキ
- Ritardo(リタルド)……遅れている
- Solo Andata(ソロ アンダータ)……一方通行
- Andata Ritorno(アンダータ リトールノ)……往復
- Binario(ビナーリオ)……線路、○○線
- Partenza(パルテンツァ)……出発

＼ 丸1日満喫できる ／

アンコーナ駅周辺 散策MAP

ホテル

1. Hotel Dorico
2. Albergo Gino
3. Hotel Fortuna
4. Hotel Italia - ANCONA
5. Hotel Della Rosa
6. Il Cactus Appartamento
7. Affittacamere del Viaggiatore
8. IL GIRAMONDO
9. Mansarda DaSy
10. La Tana del Nano
11. Casa Bilo- Alloggi e camere

お店・施設

- A Pak Kebap（ケバブ屋）
- B Mix Market（スーパーマーケット）
- C Pizzeria - Kebab Istanbul Ancona（ケバブ屋）
- D Farmacia della Ferrovia（調剤薬局）
- E Chen Fu mercato（アジア食材店）
- F Quality Pizza（ピザ屋）
- G Primavisione Ancona di Andrea Ferraioli（レンタルビデオ屋）
- H Pasta Shop（パスタ専門店）
- I Cinema Teatro Italia（映画館）
- J Scuola primaria "Elia"（小学校）
- K Panificio Lucci Alberto（ベーカリー）

教会・修道院

- L centro culturale islamico Al Madina ancona（モスク）
- M Salesiani Di Don Bosco（修道院）

アンコーナ駅の外観。

マルケ州の県都で、ローマとミラノからの長距離列車が通っている
アンコーナ駅周辺は、マルケ旅の起点になります。駅前にはホテルや
レストランが充実していますが、その周辺は住宅街となっているので
観光スポットはありません。その分、薬局やスーパーなど、
地元の方の日常を味わうことができるんです。

豪華なリゾートホテルに農場ステイも！

滞在中は駅近ホテルがおすすめ

やはり快適なのはホテル。海沿いには五つ星のリゾートホテルもあり、ロケーションも良く、最高級のサービスを受けることもできるので、予算さえ許せばぜひ宿泊してみたいものです。

僕のおすすめは鉄道駅の近くのホテル。マルケの町は、駅から中心街まで遠いことが多く、街のホテルに着くまでに疲れてしまうからです。しかもなぜか高台にあることが多く、石畳の坂道でキャリーケースの車輪が壊れることも。駅近のホテルに荷物を置いて身軽く街中に出て行きましょう。

ホテルといえども冷房やバスタブがないことも多いので、予約時にご確認を。

イタリアでマンマ（お母さん）の家庭料理を食べたいと思う方にはB＆B（Bed & Breakfast の意味で、宿泊に朝食がついた低価格帯の宿泊施設）もいいと思います。今は Airbnb などのサイトやアプリで簡単にB＆Bや民泊先を探すことができます。

イタリア人の暮らしを身近に感じられるのが、農場に泊まるアグリツーリズモです。農業体験や採れたての野菜を使った料理を食べられるところもあり、田舎暮らしを満喫できるでしょう。

また最近では、アルベルゴディフーゾという、集落の古民家を使って村全体がホテルのようになっている宿泊施設もあります。

チップは必要？

チップは基本的に不要。ホテルには置いたことがなく、飲食店では「コペルト」というテーブルチャージがつくのが一般的なので、それで大丈夫です。渡したい場合は合計の10%程度が目安。僕のいた店ではチップを1カ月間貯めて皆で分けていました。

ホテルの選び方は？

僕自身は駅に近いホテルを選びますが、設備で選ぶのもいいでしょう。冷房があるか、バスタブ付きか。イタリアでは自分でドアを閉めるレトロなエレベーターが現役で、ルームキーも昔風の鍵が多く、いろいろ勝手が違いますが、それも楽しい旅の思い出になります。

食事はホテルで？

宿泊先が朝食付きなら、食べないのはもったいないですよね（笑）。ホテルの朝食はブッフェ形式の場合もあります。ただ、イタリア人の朝食は軽く、カプチーノだけという人も多いです。その代わり、朝食以外の食事は、やはり外で食べるのがおすすめです。

イタリアのバス・トイレ事情

日本ではお風呂にバスタブがありますが、イタリアではないのが一般的で、ほとんどがシャワーだけです。高級ホテルにはバスタブ付きも多いので、気になる方はご確認を。シャワーも固定されていたり、水圧が弱かったりと少々不便です。逆にイタリアのトイレにはたいていビデがあります。用を足した後に手で局部を洗うのが正しい使い方ですが、日本人は足を洗うなど工夫している人も多いようです。外出先のトイレには便座がないことが多く、便座シートや携帯用の消毒液は、日本から持参しないと、まずありません。

上 リビングルームがあるホテルも。
下 HOTEL ITALIAのベッドルーム。

TPOと気温に注意

どんな洋服で行ったらいいの？

Spring

過ごしやすい温暖な季節は軽やかな服装で。

Summer

日本同様に暑い夏はカジュアルなスタイルで。

まず海外旅行ならどこも同じだと思いますが、行き先の気温は要チェックです。ローマと東京は似たような気温だと言われますが、イタリアは地中海性気候なので梅雨がありません。ですから、マルケは6月にはもう真夏並みの暑さです。夏には雨がほとんど降らないので湿気は少ないですが日差しはかなり強い。

アジアのように冷房を冷え切るまでガンガンにかける習慣はありませんが、石造りの建物も多く、光の入らない教会の中などは結構ひんやりするので、何か羽織るものは持って行くのが正解でしょ

山間部の街ではダウンなどで防寒対策を!

旅先ではシワにならないニットが活躍する。

イタリアでは家の中でも靴を履いて歩きますから、部屋用のスリッパを持って行くことをおすすめします。飛行機の中でも使えるので便利です。

う。

夏はかなりカジュアルなスタイルになると思いますが、短パンにビーチサンダルのような恰好では教会によっては入れないこともあります。

ドレスコードはほとんどないマルケですが、さすがにこのスタイルでは星つきレストランなどでは断られるので、要注意。女性ならワンピース、男性ならジャケットなどがあると便利です。

秋冬も比較的温暖ですが、11月くらいからは寒くなってくるので冬服での旅行になるでしょう。特に行き先が山間部となると雪も降りますし、かなりの寒気で覆われることもあるので、しっかりとした防寒具を準備してください。

海外では医薬品があると便利

準備から旅ははじまる！必須のグッズ

海外では命の次に大事とも言われるパスポート。残念ながらイタリアはスリも多いので気をつけて、肌身離さず携帯しましょう。

また、万が一体調が悪くなったときに心強いのは日本の薬です。イタリアでは日本のように気軽に薬は買えませんし、そもそも日本と同じような薬があるとも限りません。常用薬がある人はもちろん、体調を崩しがちな方は風邪薬、胃腸薬くらいは持って行かれることをおすすめします。

パスポート

イタリアから帰るときに有効残存期間が90日以上あるか確認しておきましょう。

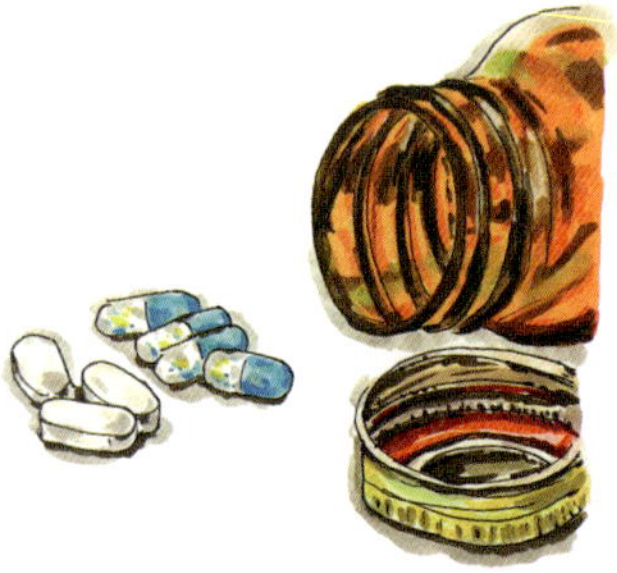

薬

海外では医者にかかるのも薬を買うのも大変。自分に合った薬は持って行くべき。

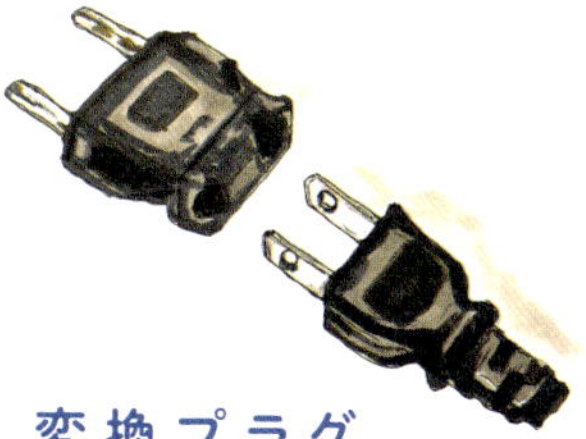

変換プラグ

日本の電化製品を使うにはマスト。イタリアではほとんど買えないので忘れずに。

羽織

飛行機や電車の移動中は結構肌寒いもの。調節できるものが一枚あると便利。

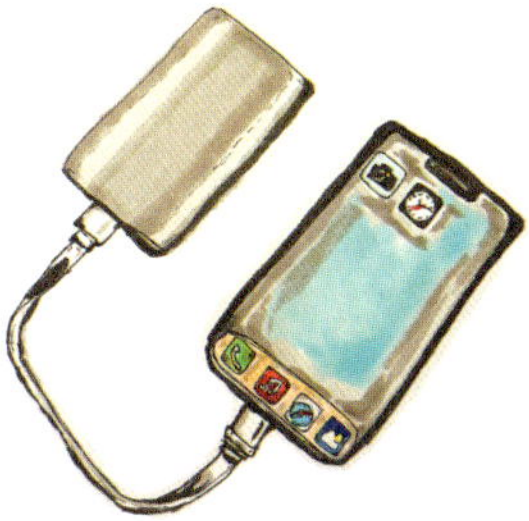

モバイルバッテリー

日本のように街中で充電できる場所は多くないので、スマホと一緒に携帯しよう。

　イタリア語が分からない人でも快適に旅行ができるのはスマホがあってこそ。マルケには街中で充電できる場所が多くはないので、こまめな充電を心掛けて。そのために絶対忘れてはいけないのが変換プラグ。そしてモバイルバッテリーも持ち歩き、外出先での充電切れを防ぎましょう。

　また、必須ではないですが、宿泊と朝食のみを提供する簡易的な宿であるB&Bや、農業体験ができるアグリツーリズモなどに泊まる人は、オーナーさんへのプレゼントとして和柄のハンカチや折り紙など、日本のお土産を持って行くと喜ばれますよ。

スマホを使いこなして言葉の壁を乗り越える

テクノロジーを使って旅を快適にしよう

いまや快適な海外旅行にスマホは欠かせません。現地での連絡や検索に使用するだけでなく、地図にもなり、翻訳機にもなる頼もしい旅の味方です。51ページでは便利なアプリを紹介しています。

イタリアでも海外（国際）ローミングサービスを使用すれば日本のスマホがそのまま使えます。ただしこの方法ではかなり高額になってしまいます。その解決策として普及しているのが「eSIM」です。物理的なSIMカードを使わないデジタルのSIMなので、カードを差し替える必要がなく、当然ながら紛失の心配もありません。イタリアに到着したらすぐに使えるのも魅力です。

ただし、注意したいのはすべてのスマホがeSIMに対応しているわけではないということ。まずは自分のスマホが対応機種かどうかを確かめましょう。また使用するeSIMによっては電話が使えないので、レストランの予約などでは不便なことがあるかもしれません。

自分のスマホがeSIMに対応していない場合、SIMフリーのスマホならば、プリペイドのSIMカードをイタリアで購入すれば日本同様に使うことができます。そのどちらにも対応していないスマホであれば、日本からWi-Fiルーターをレンタルしていくことをおすすめします。コストも安く、複数のデバイスで使用できるのがメリットです。

マルケで役立つアプリ7選

Google Map

マルケを歩くには必須のアプリ。街歩き用の地図だけでなく、電車の乗り換えも検索できたり、車のナビとしても使えるのが◎。

Trenitalia

イタリアの国鉄Trenitalia のアプリは、電車での移動にはマスト。日本より電車は遅れがちなので、乗り換えには余裕を!

WhatsApp

イタリアではLINEはほとんど使われていないので、イタリア人とコミュニケーションをとるにはWhatsAppがあると便利。

Booking.com

僕がイタリア国内でホテルを予約するときに使っているのがこのアプリ。旅先でホテルを探したいときに活躍してくれます。

Google レンズ

かざすだけでイタリア語の看板や、レストランのメニューを翻訳してくれたり、目の前のものを説明してくれる優れもの。

Google 翻訳

日本語を入力すればイタリア語に変換。言葉が分からなくてもこれさえあれば、現地の人とのコミュニケーションが可能に!

Tripadvisor

豊富な口コミをもとに、旅先の周辺にあるレストランを探したり、人気観光スポットの情報を知りたいときに役に立つアプリ。

COLUMN

先輩との何気ない会話が生んだ

僕とイタリアの出会い

僕とイタリアとの出会い、それは偶然という感じでしょうか。高校を出て普通に就職しましたが合わなくてすぐに辞めてしまったのです。もともと飲食に興味があったのでその後はバーテンダーの職に就きました。技術職だし、それなりにおもしろかったのですが、料理に挑戦してみたいという気持ちがあって、フレンチの店に移ってホールの担当になりました。イタリアンではなかったのです。その店で出会った先輩がたまたまイタリア好きで、簡単なイタリア語をしゃべったり、サッカーの話をしてくれてカッコよかったです。彼は元モデルでメンズノンノの表紙を飾ったこともあったくらいだからカッコよくて当たり前なのですが。

そして、その彼がイタリアンの店で働き始めて、僕を誘ってくれた。そこで僕はイタリア料理の見習いを始めたというわけです。それが僕とイタリアとの出会いですね。その先輩がいなかったら、イタリア料理とは無縁でいたかもしれません。イタリア料理をするからには、本場で修業する方が早い。決めたら即実行です。実家に戻って、働いてお金を貯めてから、すぐにイタリアに飛びました。そうやって僕のイタリア修業時代が始まりました。

chapter

3

はじめてのマルケを楽しみ尽くそう

効率よくめぐってマルケらしさを味わう

モデルコース

1日目 アンコーナ

13:00
アンコーナ駅
▶ p.42

飛行機でローマに入ったら、長距離列車でアンコーナ駅へ。駅前で昼食を済ませて、マルケ旅スタート!

14:00
ドゥオモ・ディ・アンコーナ
▶ p.85

サン・チリアコ大聖堂としても知られるアンコーナ大聖堂。高台にあるので景色が良く、街全体を見渡せます。

15:30
パッセット
▶ p.84

地元の人が、洞穴を倉庫のように使っているという不思議な場所。日本では見られない光景が広がっています。

16:00
プレビシート広場
▶ p.84

カフェが立ち並ぶ傾斜した広場は、中世以来、アンコーナの待ち合わせスポットとして知られています。

せっかくマルケに行くのなら、多くの場所を訪れたいもの。事前にスケジュールを立てておけば効率的に観光地を回ることができますね。まずは州都のアンコーナに入り、ここを起点に動きましょう。次に内陸に入り、ロッシーニの街・ペーザロを通って、世界遺産のウルビーノへ。ここでルネサンス期の遺産に触れた後は、再び海沿いに出てセニガリアで美食を味わう。行程は、ビーチでのんびりしたい、芸術に触れた

2日目 ペーザロ

11:00
ロッシーニの家
▶p.102

イタリア・オペラ界の巨匠であるジョアキーノ・ロッシーニ。彼の生家は旧市街の真ん中にあります。

13:00
ロッシーニ劇場
▶p.102

ペーザロ駅から徒歩5分の場所にあるロッシーニ劇場。大きくはありませんが、観光客に人気のオペラハウスです。

16:00
ビーチ
▶p.102

泳いだり、日光浴を楽しんだり……。ペーザロに来る観光客の多くは、海水浴がお目当てなのだとか。

3日目 ウルビーノ

13:00
レジスタンス公園
▶p.102

ペーザロからバスで移動しウルビーノ歴史地区へ。見晴らしのいいこの場所が市民の憩いの場となっています。

15:00
ラファエロの家
▶p.103

ラファエロ通りの坂道の途中にあるラファエロの生家。この家で、画家の父親から絵の手ほどきを受けたのだとか。

16:00
ドゥカーレ宮殿（国立マルケ美術館） ▶p.103

ウルビーノのシンボル、ドゥカーレ宮殿。城壁に面した部分に建てられた、二つの塔が特徴です。その大きさは圧巻です。

い、といった好みで調整を。
ただし、イタリアの旅にイレギュラーな出来事はつきものです。あまり計画に縛られず、現地での自由時間や即興の楽しみも大切にするゆとりを持って動きましょう。

4日目 セニガリア

11:00
ロヴェレスカ要塞
▶ p.96

日本では見ることができない独特な形が特徴の要塞。足を運べば、セニガリアの歴史を学ぶことができます。

13:00
ロトンダ・ア・マーレ
▶ p.96

「海の上の丸いもの」という意味の名前が付けられた建築物。貝殻のような美しいフォルムは、一度見たら忘れません。

14:00
ポルティチ・エルコラーニ
▶ p.96

18世紀に作られたミサ川沿いの美しいアーケード。お酒を飲みながら夕日を眺められる場所が多く、お散歩に最適です。

15:00
アンコーナ駅
▶ p.42

セニガリアからアンコーナに戻り、マルケ旅終了! 再び長距離列車に乗って、ローマへと向かいます。

1日目	サン・チリアコ大聖堂 →	パッセット →	プレビシート広場
2日目	ロッシーニの家 →	ロッシーニ劇場 →	ビーチ
3日目	レジスタンス公園 →	ラファエロの家 →	ドゥカーレ宮殿（国立マルケ美術館）
4日目	ロヴェレスカ要塞 →	ロトンダ・ア・マーレ →	ポルティチ・エルコラーニ

5日滞在できるなら アスコリ・ピチェーノ

日程に余裕があればマルケ最南端の街まで足を延ばしてみては?

12:00
アッリンゴ広場
▶ p.93

セニガリアから南下し、アスコリ・ピチェーノへ。アッリンゴ広場は、町の中で最も古く、細長い広場です。

14:00
市立絵画館
▶ p.93

カルロ・クリヴェッリの作品がシンボルとなっている美術館。休館日もあるので注意が必要です。

16:00
ポポロ広場
▶ p.93

広々とした広場に面してサン・フランチェスコ教会が建っています。名物オリーヴェ・アスコラーネが美味。

6日滞在できるなら マチェラータ

音楽好きなら野外劇場が有名なこの街へ。旧市街地も美しい

11:00
スフェリステーリオ野外劇場
▶ p.92

夏に開催される野外オペラフェスティバルのメイン会場。ネオクラシック様式の美しい造りは圧巻です。

12:00
ラウロ・ロッシ劇場
▶ p.92

シンプルな見た目とは対照的に、豪華絢爛な内装が目を引く歴史ある劇場です。

14:00
ブオナッコルシ宮
▶ p.92

ドン・ミンツォーニ通りに面して建っているブオナッコルシ宮。市立博物館として一般公開されています。

マルケの楽しみ方 1

あまりのおいしさに思わず「ボーノ!」

本場でイタリア料理を楽しもう

① マグロのサラダ仕立て。

② 鴨のタリアテッレ。

③ ポルペッティーナ肉団子。

④ ビショラとパンナコッタ。

イタリア料理のコース順

① アンティパスト(前菜)
② プリモ・ピアット(第一の皿。パスタ、リゾットなど)
③ セコンド・ピアット(第二の皿。肉、魚料理などのメインディッシュ)
④ ドルチェ(デザート)+コーヒー(エスプレッソ)
食べきれなければ、②プリモか③セコンドを飛ばしてもOK。

イタリアのコース料理は一皿の量が多いので、注文時には気をつけましょう。前菜の次にくるプリモ・ピアット、セコンド・ピアットのどちらかは、パスしても大丈夫です。ドルチェも省けます。シェアするのはマナー違反。また、イタリア人の食後のコーヒーは必ずエスプレッソです。カプチーノのように牛乳の入った飲み物は、食後には飲むものではないとされています。

イタリアは郷土料理が発達しているので、ぜひその土地の料理を楽しんでください。プリモとして出るパスタには、地元色の強いものが多いです。

MADONNINA DEL PESCATORE
マドンニーナ・デル・ペスカトーレ

澄み渡る青い空、ひろびろとした砂浜が見渡せる絶好のロケーションに位置する同店。サーブされる料理も星付きレストランにふさわしい繊細さとクリエイティビティに溢れている。

クリエイティブな魚介料理が絶品の二つ星に輝く名店

僕の師匠・モレーノがシェフをつとめる、僕が5年間修業をした店。マルケでは三つ星のウリアッシと双璧を成す、二つ星を何十年と続けている名店です。魚介を得意とし、最近は発酵料理も手掛けています。トンネルと呼ばれるラボでは料理の研究・開発もしており、常に挑戦を続けるモレーノシェフのクリエイティブな料理が味わえる店。マルケの魚介の素晴らしさをぜひ堪能してください。

INFORMATION

所在地 Via Lungomare Italia, 11, 60019 Senigallia AN
（アンコーナ県セニガリア）

営業時間 12:15-13:30 / 19:30-21:00

H P https://www.morenocedroni.it/la-madonnina-del-pescatore/

オステリア・サーラ

OSTERIA SARA

シローロの中心部、市庁舎などの近くにあり、店内は地元の人たちで溢れかえる人気の店。主役となるのは魚介ながら、煮込み料理など庶民的な家庭料理風の味わいが楽しめるのが魅力。

マルケの人たちと地魚を堪能しよう予約困難の人気店!

シローロにある老舗店で、メニューは魚介100%です。地元の人たちでいつも賑わっている大人気レストランなので、観光のハイシーズンに予約をとろうと思ったら1カ月以上前から挑戦しなければダメでしょう。当日ウォークインではまず入れません。

上 スープ仕立ての魚介料理も絶品!
下 マリーノ広場に近くテラス席もある

INFORMATION

所在地 Via Piazza Vittorio Veneto, 9, 60020 Sirolo AN
(アンコーナ県シローロ)

営業時間 12:30-22:00

HP http://osteriasara.com/

ダ・グスティン

ANTICA OSTERIA B&B DA GUSTIN

集落の中心にあり、夜はさながらオープンテラス席に地元の人々が集うカジュアルな居酒屋といった雰囲気に。宿泊したなら、地元食材にこだわったボリュームたっぷりの朝食も楽しめる。

卵料理が人気！マルケの食の幸を存分に味わえるB&B

ペーザロとウルビーノの間の丘陵地帯にあり、僕がマルケに行ったら必ず立ち寄るところ。ヴィルジニオとカーティア夫妻が切り盛りしているB&B。宿泊もできますし、レストランで食事をするだけでもOK。地元の厳選した素材を使い、クラシックながらも味わい深い郷土料理が楽しめます。卵を使ったウォーヴォ・アル・トリュフォ（Uovo al tartufo）などのメニューが人気。

INFORMATION

所在地 Via Castello, 27 Bargni di Serrungarina PU
（ペーザロ・エ・ウルビーノ県セッルンガリーナ）

営業時間 金、土、日12:30-22:30

HP https://www.dagustin.it/

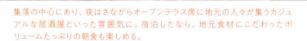

マルケの楽しみ方 2

朝から夜までバールを使いこなそう

イタリア人の集いの場!

上左 イタリアでの朝食といえばエスプレッソ。
上右 ホテルにエスプレッソマシーンがあるところも。
左 バールでの朝食。エスプレッソとパンのコンビ。

イタリア人の朝食は軽食で、ブリオッシュのような甘いパンとコーヒー(エスプレッソ)かカプチーノで済ませることがほとんどです。

イタリア人にとってカプチーノは基本的に朝に飲むもので、それ以外ではあまり飲みません。

イタリア人にはだいたい自分の行きつけのバールがあり、毎日通う人、一日に何度も同じ店に顔を出す人も珍しくありません。

朝食はバールのショーケースから選んだブリオッシュやお菓子をカプ

ディナータイムは至福のひと時。

野菜のプレートをおつまみに一杯。

チーノなどとともに立ったままさっと食べて、学校や職場に向かう風景が日常的に見られます。朝は長居をせずにちょっと立ち寄る、という感じです。

昼になると、おやつにジェラートを食べたり、僕は小腹がすいてくるとバールで切り売りピッツァを食べていました。休日には昼からお酒を飲むことも。

夜といえば、やはりアペリティーボ（軽食とともにお酒を楽しむ習慣）ですね。ピンチョスみたいなおつまみ（サービスでとり放題）をつまみながらビールを飲んだり、白ワインを飲んだりしながら、友人たちと待ち合わせをする。そして、その後にどこかへ夕食を食べに行くという流れで使うことが多かったですね。

さらにバールによっては夜中までやっていることもあるので、帰って来てから最後の一杯をバールで飲む人もいます。

朝から夜中まで一日中楽しめるバールをうまく使いこなしてみましょう！

マルケの楽しみ方 3

食後酒まで楽しもう!

マルキジャーニに人気のお酒を飲んでみよう

アニゼット

アスコリ・ピチェーノの伝統的なリキュール。ストレートか水割りで飲みます。アスコリ・ピチェーノの中心のポポロ広場にはメレッティという名の老舗バールがあります(P94)。

モレッタ

ファーノの伝統的なコーヒーで、漁師たちが冬の海風から身体を温めるために飲み始めたといわれています。ラム酒、ヴァルネッリ(アニス酒)、レモンの皮、砂糖でベースを作り、エスプレッソを同量注いで作ります。

ヴィショラ

マルケの自生のさくらんぼ・ヴィショラのアレアティコ種をワインにし、さらにさくらんぼと砂糖を加えて再度発酵させたデザートワイン。カカオの風味もするのが印象的です。

イタリアのディナータイムはかなり遅めです。夏時期になると日が落ちるのが21時を過ぎることもあるくらい。食事の時間をゆっくりと楽しむイタリアでは、明るい一日を最後まで楽しもうとするのは必然。基本的には20時頃にスタートするイタリアのディナー。しかし、仕事終わりの18時頃にはアペリティーボという時間が存在します。

この時間は近くのバールに立ち寄り、グラスを片手に、並んでいるストゥッツィキーノ(Stuzzichino、おつまみ)と、おしゃべりを楽しみます。飲み

アマーロシビッラ

天然ハーブの苦味がきいた、カラメルではなくハチミツで加糖するアマーロ。食前酒としても飲まれ、氷を一つグラスに落として飲む通な人もいます。

ヴィーノコット

ヴィーノコットとは「ワインを煮る」の意味。マルケではヴェルディッキオ、モンテプルチャーノなど地品種のブドウを煮込み熟成させて作ります。チーズやデザートと相性抜群。

ミストラ

家庭でも造られるリキュールで、キレと爽快感の口当たりが特徴です。伝統的な生産方法と品質を保証するTAF (Traditional Agri-Foodstuffs) 認定を受けています。

ヴァルネッリ

ヴァルネッリはアニスのリキュール。エスプレッソに少量のアルコールを加えるカフェ・コレットで、マルケではヴァルネッリを入れます。お菓子のクレマフリッタの隠し味にも。

アックアヴィーテ・ディ・ヴィショラ

デザートワイン、ヴィショラの搾りかすでつくった蒸留酒で、サクランボの甘い香りがする、スッキリとした飲み口のお酒です。

物は、カクテル、スプリッツ(Spritz、蒸留酒のスピリッツとは別物)、ジントニック、モヒート、ワインはもちろんビールもあります。特にスプリッツはイタリアではモヒートと並ぶ定番カクテル。アペロールをベースに白ワインやソーダで割り、オレンジを添えます。人気のジントニックは食後に楽しむ人もいます。またクラフトジンはイタリアでも増加中です。

そしてディナー後のディジェスティーボ(食後酒)としてマルケで飲まれているお酒を上記にご紹介しています。

マルケの楽しみ方 4

穏やかな風景の中で心癒やされる 世界一美しい、小さな村々をめぐろう

オッフィーダ OFFIDA

18世紀と変わらない石造りの街並みが広がる、「イタリアで最も美しい村」の一つ。

土地の名前がつけられたワインが有名 美しい丘陵に囲まれた村

アスコリ・ピチェーノ県の北東に位置するオッフィーダは、「イタリアで最も美しい村」にも認定された人口5000人ほどの集落。有名なのは土地の名前がついたワイン。「オフィーダ・ペコリーノ」、「オフィーダ・パッセリーナ」という白ワイン、「オフィーダ・ロッソ」という赤ワインなどです。

INFORMATION

交通　アンコーナから鉄道でサンベネデット・デル・トロントまで行き、バスに乗り換え

HP　https://www.comune.offida.ap.it/it

CORINALDO コリナルド

「コリナルドの壁」と呼ばれている城壁の上からは、自然豊かな景色が見渡せる。

城壁に囲まれた中世の面影を残す村 丘からの風景が美しい

マルケの州都アンコーナ県の丘の上にあるコリナルドは、ネヴォラ川の左岸の丘の頂上にそびえ立つ村で、「イタリアで最も美しい村」に認定されています。

ルネサンス期につくられた古い城壁がぐるりと旧市街をとり囲み、まるで中世に戻ったような美しい景観が圧巻です。

コリナルド出身の殉教者、マリア・ゴレッティを祀った教会などの見どころがあります。

INFORMATION

交通　アンコーナからセニガリアでバスに乗り換え

HP　https://www.corinaldoturismo.it/en/visit/

CASTELFIDARDO
カステルフィダルド

伝統的な石造りの建物が並ぶ中心街。アコーディオンの音色が聞こえてきそう。

世界の8割を生産するアコーディオンの聖地！

州都アンコーナから南へ17kmほど行ったところにある町・カステルフィダルドは、アコーディオンメーカーの製造拠点が数多くあり、世界のアコーディオンの8割近くを生産しています。

日本人アコーディオニストのcobaさんはこの町の名誉市民なのだそうです。アコーディオンや楽器好きな人ならショールームを見て歩くだけでも楽しいはず。博物館ではアコーディオンの歴史や文化も学べます。

INFORMATION

交通　アンコーナからバスで約40分

HP　https://www.comune.castelfidardo.an.it

夜になると旧市街に灯る温かな光が、アドリア海とのコントラストを鮮やかにする。

GROTTAMMARE
グロッタンマーレ

エメラルドに輝く美しいビーチと旧市街のおりなす風景は一見の価値あり！

アドリア海に面した町・グロッタンマーレは、鉄道が通っているのでアクセスは簡単。「イタリアの最も美しい村」の一つにも選出されています。美しい海、ビーチから旧市街が見渡せるさまは、どこかイタリア北西部の世界遺産チンクエ・テッレを彷彿とさせます。ビーチで泳ぐのもいいですが、石造りの旧市街を歩くのもおすすめです。僕は南マルケらしいこの町の人々のおおらかな気質も大好きです。

INFORMATION

交通　アンコーナから鉄道で約1時間
HP　https://www.comune.grottammare.ap.it/

マルケの楽しみ方 5

イタリア人のように日光浴を楽しもう！

ビーチで一日過ごしてみよう

くり返しになりますが、とにかくイタリア人は海が大好き！　少しでも暑くなったら老いも若きも一斉にビーチにくり出します。

じつは、そんなイタリア人にとっても憧れの的となっているのがマルケの美しいビーチの数々です。ですから、もし夏にマルケに行くのなら、そんな大人気のマルケのビーチを満喫しない手はありませんね！

ビーチ沿いの高級ホテルに泊まる人なら、ホテルのプライベートビーチもあるでしょう。そこにはビーチチェア

とビーチパラソルが元々用意されてズラリと並んでいるので、それを7～10ユーロくらいで一日借りるか、ホテルによってはそれらの料金があらかじめ含まれているところもあるでしょう。

　プライベートビーチではなくても、ビーチチェアやパラソルは貸してくれるところがあるので、イタリア流にキメるならこれらはぜひ活用したいところです。

　イタリア流のビーチの楽しみ方はビーチチェアにタオルを一枚敷いて、ひたすら日光浴。誰もが「太陽に愛されたい！」とばかりに日光を全身で浴びています。パラソルの日陰もたまに入る程度。日焼けを避ける人の多い日

カラフルなパラソルが並ぶマルケのビーチ。

本とは正反対で、イタリアでは健康的な小麦色が常にトレンド。シミやそばかすも気にしません。こんなお国柄ですから、もちろんイタリアにも日焼け止めクリームはあるのですが、使う頻度は少な目です。どうしても日焼けをしたくない人は日本から使い慣れた日焼け止めを持参した方がいいかもしれません。

ビーチで食べるジェラートもまた格別なものがあります。イタリアではだいたいジェラートは店でカップかコーンかを選び、ショーケースから2種類または3種類のフレーバーを選んで食べます。ジェラートの上にクリームをかけてくれるサービスも一般的です。

そしてもちろん、海ではアクティビティも楽しめます。

アンコーナ県の少し南にあるポルトノーヴォは、岩場ということもあって、シュノーケルが人気。また、セニガリアにはウインドサーフィン教室があり、僕はそこで習っていました。

陸の方では、ボッチャというボールを投げるスポーツを楽しんでいるおじいちゃんたちがいたり、コートがある砂浜ではビーチバレーをやっている若い人たちがいたり。浜辺の近くにはチェス盤があったり、ピンボールマシンのような木製のテーブルサッカーゲームが置いてあったりして、それぞれ遊びに興じている大人がたくさんいます。さらに、ビーチ沿いにはレンタサイクルをやっているところもあります。自転車は観光スポット間の移動の足として便利に使うこともできますし、海沿いをサイクリングして美しいアドリア海や夕日を眺めながら駆け抜けるのは爽快ですよ。

一日の過ごし方

朝日を浴びながらアンコーナの港町を散歩。

Morning 朝

東に開けた海から太陽が昇り、静けさがまだ残る朝の海。朝からビーチに行くにしても、ビーチ沿いのバールに立ち寄り、カプチーノやエスプレッソを飲むのはいつもの通り。

ランチは海沿いのレストランで。

Daytime 昼

昼にはもうバールでビールを飲んだり、アペリティーボを楽しんだりする人もいます。ビーチの近くには水着のまま入れるレストランも結構あるので、そこで魚介料理やパスタを楽しむのもいいですね。

浜風を感じながら屋外でディナー。

Night 夜

夜といってもイタリアはかなり日が長いので午後7時はまだまだ明るい時間。それでもだいたいその頃には撤収して、着替えをしたらきちんとしたレストランにディナーを食べに出る人が多いようです。

マルケの楽しみ方 6

魅惑の洞窟をレッツハイキング

巨大な鍾乳洞を歩いて自然の神秘に触れよう

そびえたつ険しい岩山の谷間に鍾乳洞がある。

マルケには、ヨーロッパ最大級の鍾乳洞である「フラサッシ鍾乳洞（Grotte di Frasassi）」があります。回廊の全長が約30kmで、とにかくだだっ広いというのが僕の印象です。

発見が1971年と、比較的新しいためか、まだその全容はつかみきれていないようです。そんな謎めいた鍾乳洞を見に行くのは、1日がかりになりますが、その価値は十分にあると思います。

まず準備として、鍾乳洞の中を結構歩きますから、スニーカーのような靴を履いていくこと。サンダルでは滑って危険です。

また、鍾乳洞の中は真夏でも常に14℃と涼しいので、長袖を着用するか、羽織るものがあった方がいいですね。僕が行ったときも夏でしたが、かなり肌寒かった記憶があります。

フラサッシ鍾乳洞までの行き方は、ローマ＝アンコーナ線の列車に乗って「ジェンガ＝サン・ヴィットーレ・テルメ（Genga– San Vittore Terme）」とい

安全な通路をガイドさんと歩くので足元も安心。

う駅で下車、そこから徒歩数分で到着します。車の場合は、高速道路でジェンガを目指します。宿泊するならこのジェンガの町が便利でしょう。ホテル、B&Bやアグリツーリズモもあります。

鍾乳洞の中へは、一人でふらっと入って探検したりはできません。なにしろ広いので、そんなことをしたら迷子になる人続出です。必ずガイドとともにグループになって、決められたコースを順路に沿って進みます。現在のところ、ガイドの言語はイタリア語と英語です。

このツアーは、年末年始以外は毎日10時から17時の間で行われているようですが、観光のハイシーズンとそれ以外ではツアーの回数が異なるようですから、あらかじめホームページで確認しましょう。

ツアーは一般向けコース（Percorso Turistico）のほかに、専門家向けのようなコースがいくつかあり、それぞれ値段が違います。一般向けは、約1.5kmの道のりを、ガイドと共

薄暗い空間で、乳白色に輝く鍾乳洞内部。

エリアによって変わる鍾乳石の色と形。

に1時間かけて見て歩きます。

以前、僕もこのコースに参加しましたが、とにかく自然の神秘に圧倒されました。ここができたのが140万年前ですから、旧石器時代です。そんな気の遠くなりそうな時間をかけて、少しずつ形づくられた、自然の生み出す芸術を目の当たりにするのですから！

そしてあまりにも大きく広いので、距離感がつかめなくなるというか、ガイドさんに「上の方を見てください、あそこの鍾乳石は10mもあるんですよ」と言われても、なんだかすごく小さく見えてしまうような、とても不思議な感覚に襲われました。

どんどん中に入っていくと、水場があったり、巨大な石柱のような鍾乳石や、氷柱のように垂れ下がる鍾乳石群があったり、見たことのない景色が広がり、それぞれライティングされていて、とても美しいです。

順路に沿って各場所に名前がつけられており、例えば

修道女のために建てられた、洞窟内に佇む神秘的な礼拝堂。

INFORMATION

所在地	Via San Vittore delle Chiuse, 60040 Genga AN （アンコーナ県ジェンガ）
休日	洞窟と博物館は、12月4日、12月25日、および1月7日から1月30日まで
HP	https://www.frasassi.com/

「アンコーナの深淵（Abisso Ancona）」「200の部屋（Sala 200）」「グランドキャニオン（Grand Canyon）」「熊の部屋（Sala dell'orsa）」「無限の部屋（Sala infinito）」といったものです。なかなかユニークな名前ですが、直接見れば、イメージ通りだと納得されることでしょう。

ツアーの最初に通る「アンコーナの深淵」は、長さ180m、幅120m、高さ200mの巨大な空洞です。僕が距離感を失くしたのも少し理解していただけるでしょうか？

また、おもしろい形の鍾乳石にも、そのイメージに合った名前がつけられていたりします。そんなことをガイドさんに説明してもらいながら、異空間のハイキングをしていくのは、なかなか他では味わえないユニークな体験です。きっと忘れられないマルケの思い出になることでしょう。

マルケの楽しみ方 7

職人の町から生まれた世界的ハイブランドも

地元ブランドの買い物をしよう

イタリアではブランド物のお買い物が楽しみという方もいるでしょう。マルケは伝統的に手工業、職人の町が多く、世界のセレブに愛されるハイブランドに成長したメーカーもあります。有名なところでは、革製品の「トッズ（TOD'S）」。高級シューズブランドとして最近注目の「サントーニ（Santoni）」も靴製造が盛んな町、マチェラータ県のコリドニアが本拠地で、ここにはアウトレットもあるそうです。また、デニムの生産が盛んな町、ペーザロ・エ・ウルビーノ県のフォッソンブローネにある「ドンダップ（DONDUP）」も要チェックのブランドです。

州都アンコーナも買い物スポットの一つ。

フレンドリーなスタッフとの会話も楽しんで。

MOSCHUS GENTLEMEN BOUTIQUE
モスクス ジェントルマン ブティック

地元の革製品もブランドものも、キレイめの大人カジュアルが何でも買えるセレクトショップ。スキンヘッドでダンディなジャンルーカと奥さんが切り盛りする、セニガリアで僕イチ押しのブティックです。

INFORMATION

所在地 Via Marchetti, 108, Senigallia, AN（アンコーナ県セニガリア）
Instagram moschus_boutique
Facebook Moschus.Senigallia

DONDUP
ドンダップ

フォッソンブローネは「デニムの谷」と呼ばれるデニムジーンズの製造が盛んな町。この町で生まれたブランド、ドンダップは、確かな技術と美しいスタイルで脚光を浴びています。僕はオシャレなデニムのエプロンを愛用していました。

INFORMATION

所在地 Via ACHILLE GRANDI, 10, 61034 Fossombrone PU
（ペーザロ・エ・ウルビーノ県フォッソンブローネ）
H P https://www.dondup.com/it

ORCIANI FACTORY STORE
オルチアーニ

日本でも革製バッグなどが人気のブランド。創立者であるクラウディオ・オルチアーニが自分の理想のベルトを求めて立ち上げた会社で、本拠地のファーノにはファクトリーストアがあります。

INFORMATION

所在地 Via dell'Industria, 361032 Fano PU
（ペーザロ・エ・ウルビーノ県ファーノ）
営業日 月15:00-19:30、火～土10:00-12:30 / 15:00-19:30
休日 月 午前、日
H P https://www.orciani.com/it/factory-store

マルケの思い出とともに
何を持ち帰ろう

厳選！ おすすめのマルケ土産

マルケの楽しみ方 8

イチジクのサラミ

Salame di Fichi

肉ではなく果物のサラミはお土産OK。干したイチジクを丸く成型して、イチジクの葉っぱで巻いたお菓子。サラミのように切って、デザートやおやつにしたり、チーズと一緒に食べてもおいしい。

パッカサッシ

Paccasassi

英語でシーフェンネルと呼ばれる海草を酢漬けにしたもの。ハーブのようなニュアンスで、お肉に添えたり、パスタにあえたりします。独特の歯ごたえと酸味がある、アンコーナ周辺の特産品です。

マッケロンチーニ・ディ・カンポフィローネ

Maccheroncini di Campofilone

内陸にあるカンポフィローネという町の有名なパスタ。細麺でソースやうまみをたくさん吸うパスタで、木箱に入って売っていたりもします。ボロネーゼみたいなラグーで食べるのがオススメ。

カルトチェートのオリーブオイル
Olio DOP Cartoceto

カルトチェートという町は、オリーブオイルの生産が盛んで、ここのオイルはマルケで唯一、DOPを獲得しています。ラッジョーラ（Raggiola）という品種が特産で、確かな苦みとまろやかさがあり、魚介に合わせやすいオイルです。

トリュフ
Tartufi

トリュフはアクアラーニャという町がマルケでは有名。中部のトリュフは北部の白トリュフなどよりも風味が強いです。秋冬が旬のシーズンですが、6月頃からはサマートリュフもあります。

ファブリアーノ社の紙製品

ファブリアーノの紙はダ・ヴィンチも使ったというほど歴史ある製紙会社で、同社の製品は全国に流通していますが、本社はマルケです。画用紙が有名ですが、メモやノートもあり、僕も使っています。

イタリアの本や新聞

僕はイタリアでは必ずレシピ本を買ってきます。絵がいいし、置いておくだけでもかっこいいですよ。またガゼッタという有名なスポーツ紙をその日の思い出に買うというのもいいですね。

それぞれの地域が持つ独自の魅力を発見しよう!

マルケのエリア案内

その多彩な魅力で訪れる人々を惹きつけるマルケ。ビーチリゾートから山岳地帯、歴史と文化が息づく街並みまで、エリアごとに異なる風景が広がります。しかし、どこに行っても共通するのはおいしい地元のグルメが楽しめること。マルケの魅力を余すところなくご紹介します。

area 1

アンコーナ

▶ p.84

まずはアクセスも便利なマルケ随一の大きな街、州都のアンコーナから旅を始めてみましょう。街の散策やショッピングも楽しいし、おいしいレストランも豊富にあります。

area 2

ポルトノーヴォ

▶ p.88

アンコーナの都市部から少し海沿いを南下すればポルトノーヴォに到着。ここではリゾート気分を味わいましょう。白い砂利のビーチでゆったりくつろぐのもおすすめです。

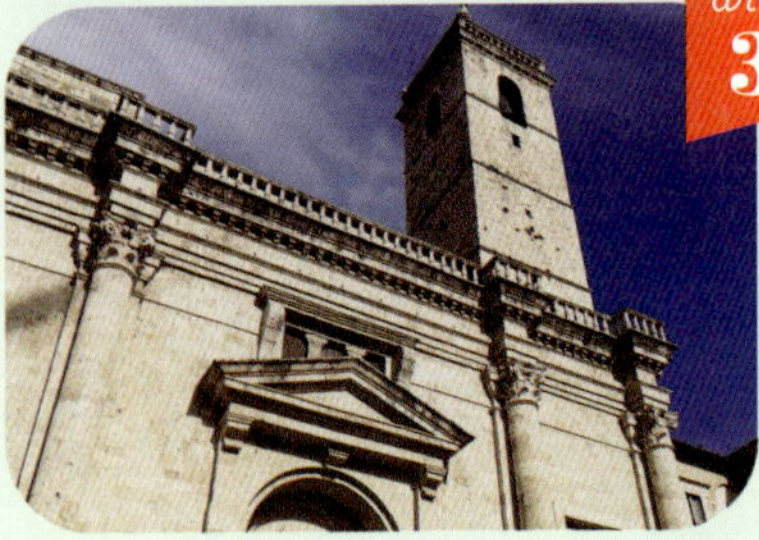

area 3

マチェラータ

▶ p.92

続いては県境を越え山の方へ。内陸の町マチェラータに向かいます。中世から続く古い建物が並ぶ街並みは美しく、散策も楽しいところ。夏にはオペラフェスティバルも開催されます。

area 3

アスコリ・ピチェーノ

▶ p.92

マチェラータからさらに南下して、アブルッツォ州に近い南マルケの町、アスコリ・ピチェーノへ。ここでは名産のオリーブをフライにした、アスコリ風オリーブ（P93）を食べ歩くのが◎。

area 4

セニガリア

▶ p.96

次は北へと進路を変え、アンコーナ県まで戻って海沿いの町、セニガリアを目指しましょう。二つ星、三つ星のレストランが揃った美食の町でもあり、とびきりおいしい海の幸をとことん味わってください。

area 5

ペーザロ

▶ p.102

さらに北上を続け、マルケ州の隣、エミリア＝ロマーニャ州に近いペーザロへ。海水浴をするのもいいですし、翌日、山間にあるウルビーノへと移動するための拠点としてもここは便利な町です。

area 5

ウルビーノ

▶ p.102

旅の最後はいよいよマルケ州唯一の世界遺産であるウルビーノへ。町を囲む城壁の中に入ったら、まるで中世から時間が止まったような歴史地区の美しい街並みが広がります。

area 1

マルケ随一の大都市、お楽しみもたくさん

アンコーナ

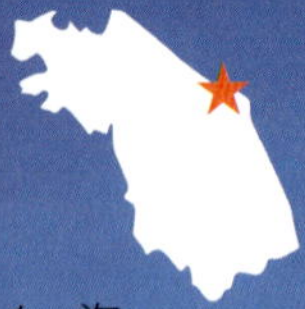

海沿いにある港町アンコーナは、人口10万人の都市です。イタリア語でアンコーナの人のことを「アンコネターナ」と言いますが、よく「アンコネターナは頭が固い」と言われ、ここでの商売は難しいという話も聞いています。本当かどうかは僕には判断しかねますが、かつて僕の師匠がお店を出したものの撤退しているんですね。

そんな頑固な人々が暮らしているかもしれないアンコーナですが、街は広くてきれいなので、散策して歩くだけでもかなり楽しいと思います。

街中にはサン・チリアコ大聖堂をはじめ、歴史的な建造物も多く、見どころとなる観光スポットも豊富ですし、ファッションブランドなどのショッピングも楽しめるでしょう。

僕がアンコーナでぜひ見てもらいたいと思うのが、海沿いの岩場にあるパッセットという小屋の数々です。主に地元の人がそこの中にパラソルを置くなど倉庫代わりに

まぶしいほど青い
アンコーナの港町。

左 海沿いにはパッセットが並びます。
右 1000年の歴史があるドゥオモ・ディ・アンコーナ。

していたり、海の家のように使ったりしています。

このパッセットを代々所有している家もあれば、借りている人もいます。観光客がその小屋を利用できるわけではありませんが、もちろん前を通って眺めることはできます。岩場の小屋が立ち並ぶ光景はマルケ特有で、ここでしか見られません。地元の人たちがマルケの海で楽しむ様子を眺めつつ、のんびり海水浴をするというのが僕のオススメのアンコーナの過ごし方です。

また、アンコーナは大きな街ですから、料理もさまざまなジャンルのものが揃っています。

アンコーナ名物と言えば、まず、バッカラ・アンコネターナ（Baccalà all' Anconetana）です。干しタラにトマトなどの野菜を入れて煮て、オリーブとジャガイモで仕上げた料理です。

また、マルケの海沿いの町には必ずブロデット（Brodetto）という煮込み料理があり、ここではアンコーナスタイルのものが食べられます。118ページで詳しくお話ししましょう。

ソット アヤルキ
SO' AJ ARCHI

アンコーナでは、とにかくおいしい魚介類が豊富。
地元の人から愛される名店がこちら。

地元で水揚げされた新鮮な魚介を地元のワインとともにいただく

アンコーナ駅から近い、魚介を中心とした郷土料理を提供する歴史あるレストラン。アンコーナでとれた新鮮な魚介類を使った、素材が引き立つシンプルな料理に食欲をそそられます。地元のワインとともに食べるのがアンコネターナのスタイル。メニューは豊富です。魚介の煮込みブロデット、イワシのアリーチ・スコッタディート（Alici Scottadito）や、モッショリ（Moscioli）という小さいムール貝を使ったパスタなどをぜひ味わってください。

INFORMATION

所在地　Via Guglielmo Marconi, 93, 60125, AN（アンコーナ県アンコーナ）
HP　https://www.ristorantesotajarchi.it/

アルベルゴ・ジーノ

ALBERGO GINO

アンコーナ駅前の便利な立地。
併設のレストランのバッカラ・アンコネターナがおいしい。

イタリアの新聞にも掲載された干しタラのトマト煮が絶品

アンコーナ駅のすぐ目の前に位置する、僕のお気に入りのホテルが「アルベルゴ・ジーノ」。こちらにあるレストランの干しタラ料理バッカラ・アンコネターナは絶品で、イタリアの新聞にもレシピが掲載されたことがあるくらいです。また、ピアットウニコ(Piatto Unico)というワンプレートに二品が乗るメニューがあり、バッカラ・アンコネターナとタリオリーニ（卵入り平打ちパスタ）という組み合わせで、一緒に食べると一層おいしいです。

INFORMATION

所在地 Via Flaminia, 4, 60126 Ancona AN（アンコーナ県アンコーナ）
HP https://www.hotelspretorian.com/albergo-gino/

area 2

クリスタルクリアな海が美しいリゾート地

ポルトノーヴォ

美しいデッラ・トーレビーチ。

マルケ州北部のアドリア海沿いでは、ビーチパラソルが等間隔に並んだ美しい白い砂浜が続いていますが、南下してアンコーナの町を越えたあたりから景色が変わり、起伏に富んだ海岸線となります。

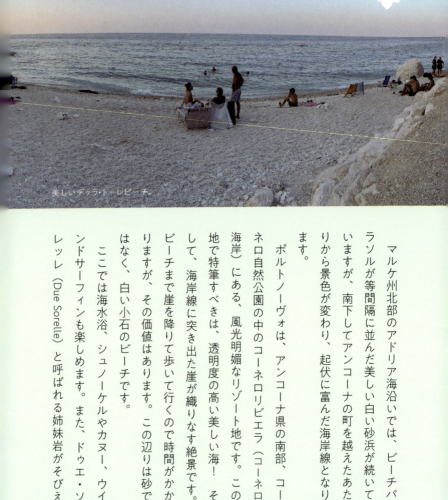

ポルトノーヴォは、アンコーナ県の南部、コーネロ自然公園の中のコーネロリビエラ（コーネロ海岸）にある、風光明媚なリゾート地です。この地で特筆すべきは、透明度の高い美しい海！ そして、海岸線に突き出た崖が織りなす絶景です。ビーチまで崖を降りて歩いて行くので時間がかかりますが、その価値はあります。この辺りは砂ではなく、白い小石のビーチです。

ここでは海水浴、シュノーケルやカヌー、ウインドサーフィンも楽しめます。また、ドゥエ・ソレッレ（Due Sorelle）と呼ばれる姉妹岩がそびえ

左 クランデスティーノにてモレーノシェフ（中央）と。
右 貴重なクランデスティーノの厨房の様子。

る観光名所があり、夏場にはそれらを観光船でめぐることもできます。

そして、僕がポルトノーヴォをおすすめするもう一つの大きな理由は、僕が修業をしていた店の姉妹店がここにあるからです。

「クランデスティーノ（Clandestino）」という店で、中心エリアからは少し離れていますが、海沿いで抜群のロケーションにあり、素晴らしい景色を眺めながら絶品の魚介料理が食べられます。アクセスは決してよくないですが、ぜひ訪れてもらいたい場所です。

ポルトノーヴォ名物と言えば小さい野生のムール貝、モッショリです。アンコーナからシローロまでのコーネロ海岸で獲れますが、ポルトノーヴォのモッショリが最も有名で、シンプルに炙るだけでもおいしいです。そのほかルマーカ（Lumaca）というエスカルゴのような貝や、ラグーザ（Raguse）というサザエに似た殻の貝もあり、貝類が楽しめる場所です。

IL CLANDESTINO SUSCI BAR

クランデスティーノ

ビーチの近くで、夏は海水浴客で賑わう。海の香りに包まれて食べる海鮮料理は絶品。

美しい海沿いに位置する二つ星レストランの姉妹店は春から秋までの期間限定営業

僕が修業していた「マドンニーナ・デル・ペスカトーレ」の姉妹店。4月頃から10月くらいまでの期間限定でオープンします。毎年コンセプトをきちんと決めて、僕の師匠であるスターシェフ、モレーノが考案したレシピをもとにした料理が提供されます。魚介類が中心になりますが、おもしろい組み合わせの素材を使っていたり、クリエイティブなメニューの数々を楽しめます。少々お値段は高めですが、唯一無二の体験ができるでしょう。

INFORMATION

所在地　Baia di Portonovo, 60020 Portonovo AN
（アンコーナ県ポルトノーヴォ）

HP　https://www.morenocedroni.it/clandestino/

ホテル・エミリア

HOTEL EMILIA

潮風が吹き抜ける中庭に面したレストランではリゾート地ならではの開放的な雰囲気で食事が楽しめる。

長期間滞在にもオススメ！コーネロ海岸を一望できる崖の上に立つ絶景ホテル

ポルトノーヴォでもっとも有名なホテルの一つ。空と海が一望できる崖の上に立地し、目の前には美しい海岸線のパノラマが広がるゴージャスなヴィラ。ホテルの中にはプールやテニスコート、ボッチャのコートもあり、長期滞在しても楽しむことができるリゾートホテルです。食事はもちろん屋外で食べるのがオススメ。中庭にあるレストランで、夕日が沈んでいくアドリア海を眺めながらの食事は忘れられない思い出になりそうです。

INFORMATION

所在地 Loc, Frazione Poggio,149/A , 60020Portonovo AN
（アンコーナ県ポルトノーヴォ）

HP https://hotelemilia.com/

area 3

歴史的な街並みをオリーヴェ片手に歩こう

マチェラータ、アスコリ・ピチェーノ

アドリア海から20kmほど内陸に入った町、マチェラータではマルキジャーニたちはもちろん、世界のクラシック音楽ファンが楽しみにしている「マチェラータ・オペラ・フェスティバル」が、毎年夏に開催されています。

これはスフェリステーリオ（Sferisterio）という新古典主義建築で建てられた美しいアリーナを舞台に行われる野外オペラフェスティバルで、ペーザロで行われる「ペーザロ・ロッシーニ・オペラフェスティバル」と時期が近いことから、この2つのイベントの両方に行くような熱心な愛好家もいるようです。

日本で暮らしていると屋外でオペラを見る機会は多くないと思いますので、音楽に興味のある方はぜひ参加されてみてはいかがでしょうか。

スフェリステーリオオペラフェスティバル。

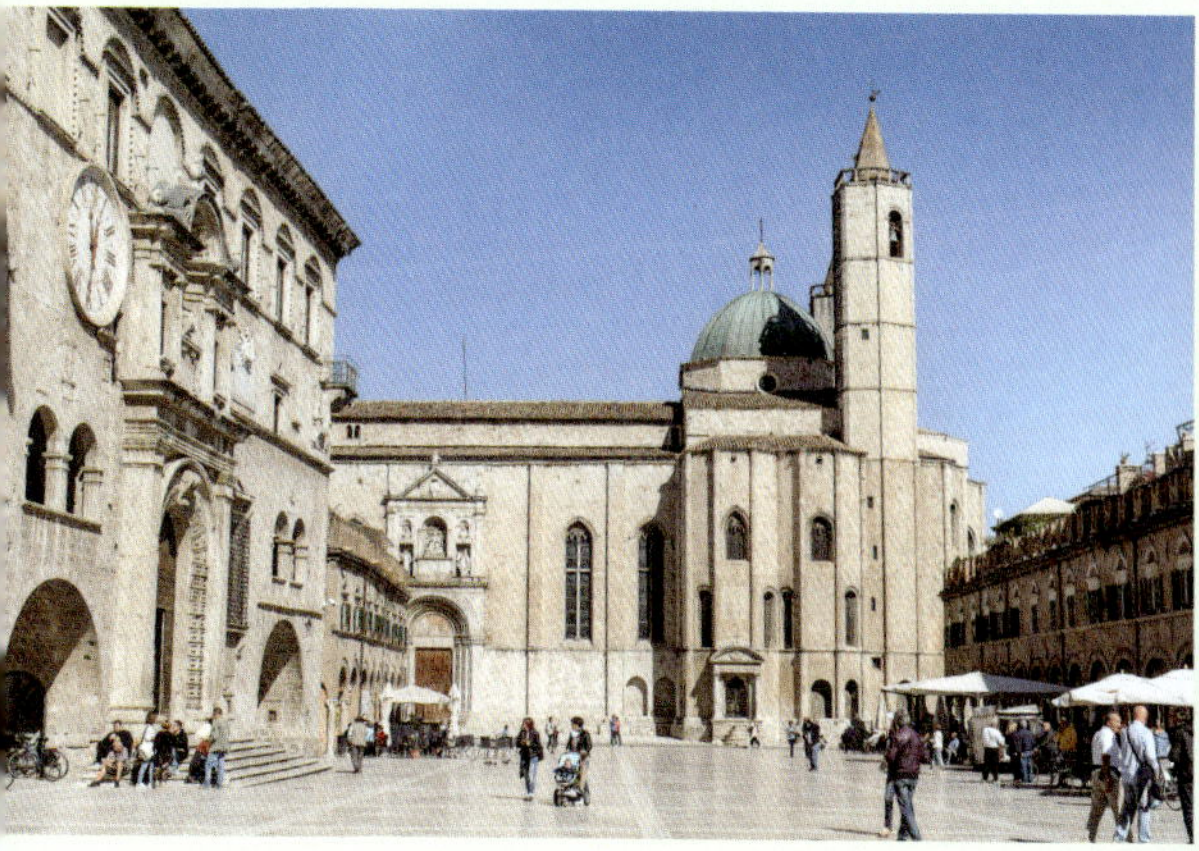

左 観光名所の一つ、ポポロ広場。
右上 オリーヴェ・アスコラーネとモレッティ。
右下 名物オリーヴェ・アスコラーネの看板。

そして、マチェラータの南にある町、アスコリ・ピチェーノは、なんといっても郷土料理のオリーヴェ・アスコラーネ（Olive all'ascolana）が有名。

今ではイタリア中で食べられているオリーヴェ・アスコラーネは、マルケ特有のアスコラーナ・テーネラという大粒のオリーブから中の種をとって、そこに肉、野菜などをミンチしたものを詰めて、パン粉をまぶして揚げたもの。簡単に言えば「オリーブの肉詰めフライ」ですね。

アスコリ・ピチェーノでは屋台やバールやレストランと、至るところで名物のオリーヴェを食べることができます。

たくさんある店のなかでもよく知られているのが、アッリンゴ広場にある「ミリオーリ（Migliori）」です。ここはオリーヴェの専門店で、アツアツの揚げたてを10個5ユーロ程度の値段で食べることがで

左上 道に埋められた石碑も歴史を感じます。
左下 夜のポポロ広場もおすすめです。

「カフェ・メレッティ」の店先。

きます。オリーヴェを食べながらアスコリ・ピチェーノの歴史的な街並みを見て歩くのもいいですね。

　ミリオーリ（P95）のオリーヴェはいわゆるストリートフード感覚で食べるものですが、レストランでは前菜として、バールではおつまみとしてオリーヴェが提供されています。アスコリ・ピチェーノのバールではアペリティーボの時間に行けば必ずオリーヴェがあるので、ほかの町のアペリティーボよりもおもしろいかもしれません。オリーヴェはビールにも白ワインにもよく合います。

　またメレッティというアニスのリキュールもよく飲まれているのですが、ポポロ広場にはその名も「カフェ・メレッティ(Caffè Meletti)」という老舗店があり、このリキュールの発祥の地です。ここでメレッティを飲みながらオリーヴェをつまむ……、なんていうのが一番アスコリ・ピチェーノっぽいスタイルかもしれませんね。お酒が好きな人に特におすすめのエリアです。

アッリンゴ広場の一角に佇む店。揚げたてアツアツのオリーヴェを召し上がれ。

ミリオーリ

MIGLIORI OLIVE ASCOLANE

イタリア中に知られている オリーヴェ・アスコラーネ 専門店

マルケ以外のイベントにも出店していたり、イタリア中で知られている店です。この店のオリーヴェ・アスコラーネは、牛豚鶏の合いびき肉にタマネギ、ニンジン、セロリを入れて炒め、スパイスで味付けしたものを中に詰めているそう。アッリンゴ広場にある店ではプレーンのほかにトリュフ味などもあり、家でつくるようなお土産用のセットも売られています。基本はテイクアウトのみですが、店の横にあるテーブルで食べることもできます。

INFORMATION

所在地 Piazza Arringo, 1, 63100 Ascoli Piceno AP
（アスコリ・ピチェーノ県アスコリ・ピチェーノ）

HP https://www.migliorioliveit/home

美しい砂浜のビーチと美食で知られる街

area 4 セニガリア

次はアドリア海沿いを一気に北上して、再びアンコーナ県のセニガリアへ。ここは僕が修業をしていた町だということもあるかもしれませんが、いつ行っても居心地の良さを感じます。実際電車でのアクセスもいいですし、鉄道駅から中心街やビーチへも徒歩で行けます。

セニガリアのビーチはイタリアの中でも美しいことで知られており、夏は家族連れなどの海水浴客で賑わいます。ベルベットビーチ（Spiaggia di vellut）という名前の浜があるくらい、さらさらの砂がキラキラと輝いていてきれいです。

また、海に突き出るように架かっている桟橋ロトン

ダ・ア・マーレはアールデコ様式の特徴的なデザインで、一見の価値がある観光スポットです。

メインストリートにはブティックもたくさん並んでいます。僕も行きつけの店がありますが、あか抜けた感じのセンスがいいセレクトショップが多いので、洋服類を中心にショッピングも楽しめると思いますよ。

そしてやはり、なんといってもセニガリアでは「食」を堪能してください。なにしろイタリア全土で50軒しかないミシュランの三つ星と二つ星のレストランが、このセニガリアには一つずつあるのですから。地方都市で二つが揃っているのはセニガリアくらいのものだと思います。

セニガリアを訪れた際には、ぜひスターシェフの手による地元でとれた新鮮な魚介料理を味わってほしいと思います。

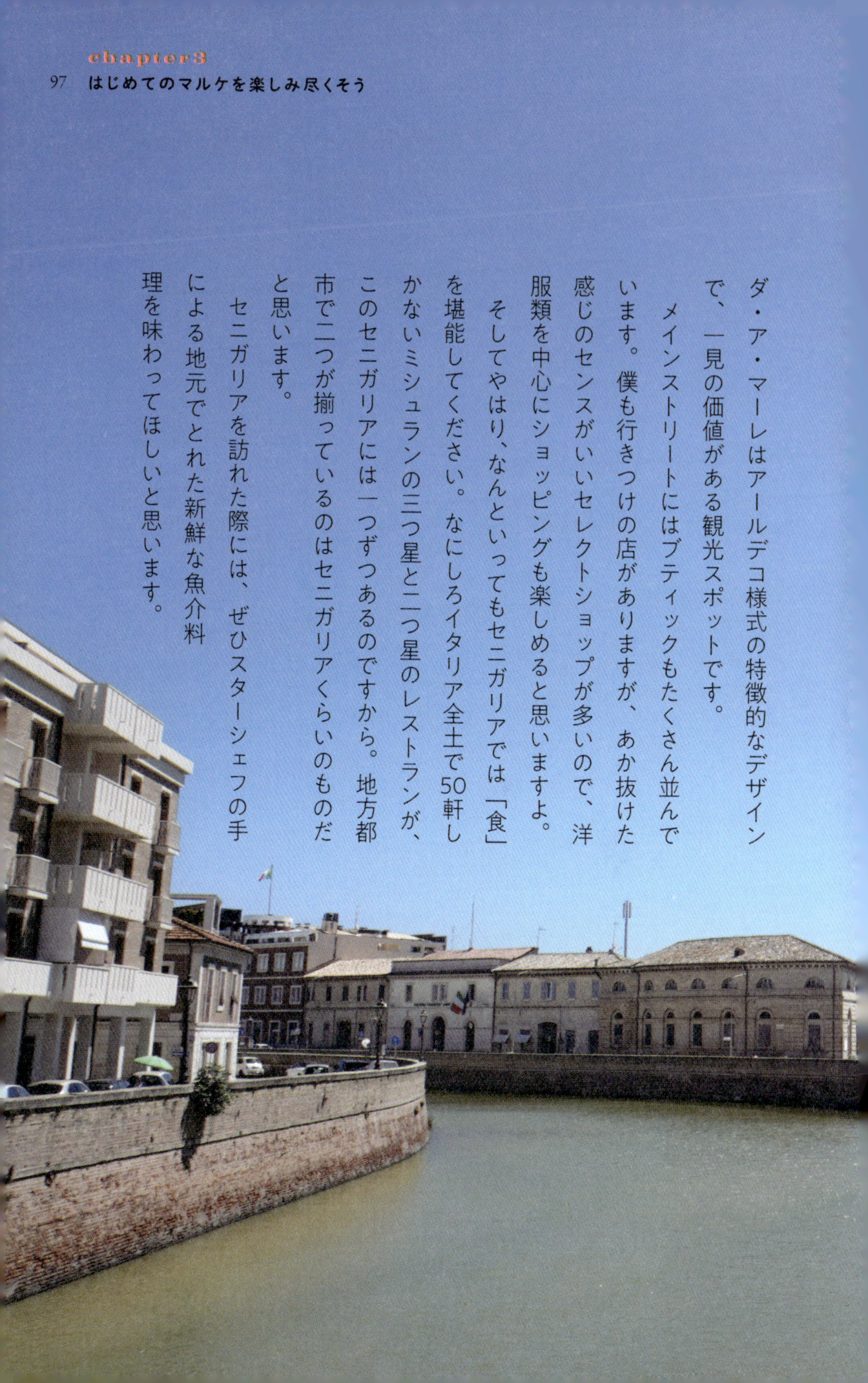

ウリアッシ
ULIASSI

ビーチにたたずむ、上品で爽やかな雰囲気の店。

世界の顧客を魅了する独創的料理
ミシュラン三つ星レストラン

本来クラシックな伝統料理を得意としていたのですが、クリエイティブな料理にも挑戦しており、今や三つ星としてワールドワイドなお店に仕上がっています。海沿いにありながら、肉料理も用意されています。高級リストランテなのでメニューはすぐに変わりますが、どれもおいしく、エレガントなイタリア料理が味わえます。シェフのマウロ・ウリアッシは、僕の師匠モレーノと同世代。二人で切磋琢磨してともに成長している感じがします。

INFORMATION

所在地 Via Banchina di Levante, 6, 60019 Senigallia AN
（アンコーナ県セニガリア）

HP https://www.uliassi.com/homepage/

ナナ・ピッコロ・ビストロ

NANA PICCOLO BISTRÒ

優しい価格で、手の込んだ料理が味わえる。テラス席が人気。

スペインの影響を受けている変化球料理がおもしろいビストロ

このビストロは伝統料理ではなく、独自の変わったメニューを提供しています。一つひとつの完成度が高く、味わいもよくて、おもしろい。オーナーシェフはスペインで何年も働いていたそうで、料理にもスペインの影響が見受けられます。魚介も肉も少し手の込んだ料理が食べられます。

値段もさほど高くなく、気軽にワインを楽しめる場所といった感じです。ミシュランではビブグルマンに選ばれています。

INFORMATION

所在地 Via Giosuè Carducci, 19, 60019 Senigallia AN
(アンコーナ県セニガリア)

休日 木　HP http://www.nanapiccolobistro.it/

TRATTORIA VINO E CIBO
トラットリア・ヴィーノ・エ・チーボ

地元の人に交じってゆったりと流れる時間を楽しみたい。

中心街にある
伝統的魚介料理の店
地元に愛される庶民の味方

家族経営のこぢんまりした店。地元の人たちにとても愛されていていつも満席状態という大人気店なので、予約はマスト。

提供されるメニューはクラシックで伝統的な魚介料理。サバのブルスケッタなどは絶品です。それにもかかわらず値段はリーズナブルで、庶民的。安くておいしい、コスパも最強なことが人気の秘密なんですね。

INFORMATION

所在地 Via fagnani, 16, 60019 Senigallia AN（アンコーナ県セニガリア）

Instagram trattoriavinoecibo

ずらりと並んだおいしそうな料理が食欲をそそる(P5)。観光客はめったにこない店。

コ・コーチ

GASTRONOMIA DI PESCE-BISTROT-CO COCI?!

鉄道駅にも近いロケーション ショーケースから選べる 気取りのない魚料理の店

じつは僕が一番好きな店がここ。セニガリアの駅前、スーパーの横にあるカジュアルな店。店内にはショーケースがあり、ズラリと料理が並んでいます。その中から選んで弁当のように詰めてもらい、テーブルまで運んでいって食べるというシステム。学食やカフェテリアのような感じですね。ここも魚介がおいしくて、特にリゾットはぜひ食べてもらいたい一品。軽くランチをとりたいときにもおすすめです。

INFORMATION

所在地 Vialep, bonòpera, 43, 60019 Senigallia AN(アンコーナ県セニガリア)

area 5

美しい砂浜のビーチと美食で知られる街

ペーザロ、ウルビーノ

北マルケのペーザロとウルビーノでは芸術に注目しましょう。

ペーザロは作曲家ロッシーニの生誕の地で、毎年8月に「ペーザロ・ロッシーニ・オペラフェスティバル」が開催されています。旧市街にはロッシーニの生家もあり、音楽ファンには興味深い町。ビーチリゾートとしても有名です。

ウルビーノは世界遺産の町であり、画家ラファエロの故郷。内陸の小高い丘に位置するウルビーノへは、鉄道は通っていないため、ペーザロからバスに乗るか、レンタカーで行くのが便利です。

まずはドゥカーレ宮殿やドゥオーモ、サン・ドメニコ教会などのある中心地を目指しましょう。歴史地区には貴重な文化遺産も多く、見どころ満載です。

ラファエロが過ごした空間は一見の価値あり。

趣のあるアルボルノツ要塞内の道。

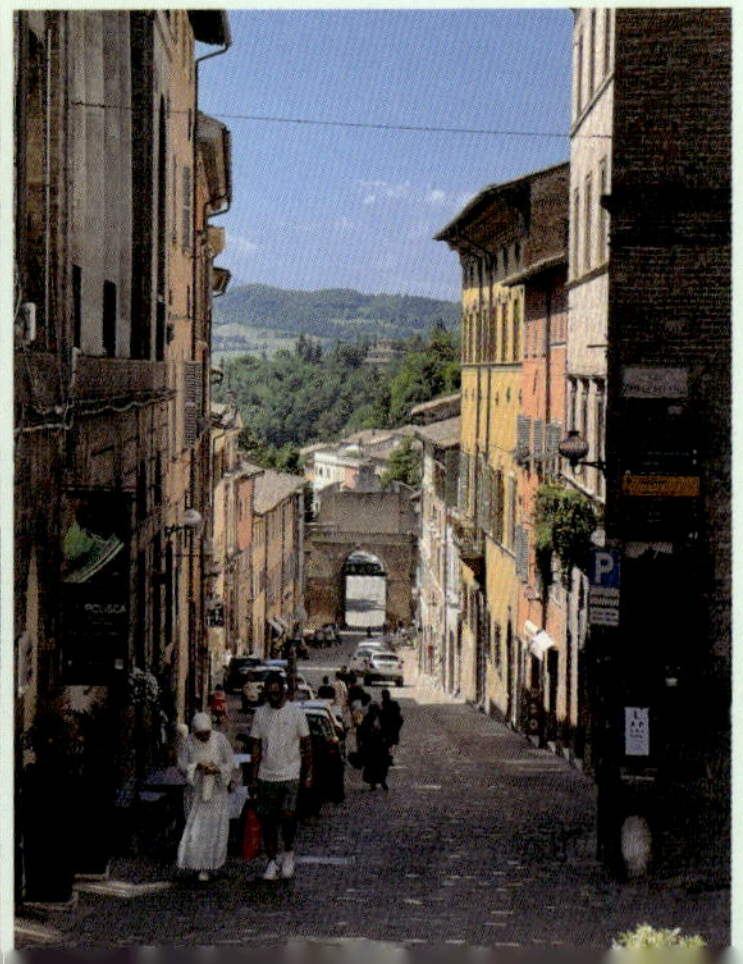

GALLERIA NAZIONALE DELLE MARCHE, PALAZZO DUCALE DI URBINO
国立マルケ美術館

宮殿内にある美術館 見逃せない名作の数々

ドゥカーレ宮殿内にある美術館。ラファエロの「貴婦人の肖像」、ピエロ・デッラ・フランチェスカの「キリストの鞭打ち」と「セニガリアの聖母」、作者不詳の「理想都市」などの名画は必見。

INFORMATION

所在地 Palazzo Ducale di Urbino Piazza Rinascimento 13, 61029 Urbino PU（ペーザロ・エ・ウルビーノ県ウルビーノ）

HP http://www.gallerianazionalemarche.it/

CASA RAFFAELLO ラファエロの家

実際に使った品も展示 天才のルーツがうかがえる

坂道の途中にある15世紀に建てられたラファエロの生家。ラファエロが実際に暮らしていた様子をうかがい知ることができます。また、ラファエロの最初期の作品「聖母子」も展示されています。

INFORMATION

所在地 Via Raffaello, 57, 61029 Urbino PU（ペーザロ・エ・ウルビーノ県ウルビーノ）

HP https://www.casaraffaello.com/

COLUMN

即席イタリア語でコミュニケーション

旅行では、これだけ覚えておけば◎

● Buongiorno（ボンジョルノ）/Buonasera（ボナセーラ）「こんにちは/こんばんは」

イタリアでは挨拶がとても大事。ショップやレストランに入ったら、まず挨拶しましょう。“Buongiorno”はざっくり言って朝から午後1～2時くらいまで。“Buonasera”はそれ以降の時間に使える挨拶です。ちなみに「さようなら」は“Arrivederci（アッリヴェデルチ）”。親しい間柄の人との挨拶は“Ciao（チャオ）”でもOK。

● Grazie（グラツィエ）「ありがとう」

これは絶対に覚えておくといい言葉。日本語だと「どうも」や「すみません」、あるいは会釈だけで済ますことも多いですが、イタリアではしっかりと“Grazie”と感謝の気持ちを伝えましょう。返事の「どういたしまして」はいろいろな言い方がありますが、まずは“Prego（プレーゴ）”を覚えてください。

● Per favore（ペルファヴォーレ）「お願いします」

英語の“Please”と同じような意味です。単語に“per favore”をつけるだけで丁寧な言い方になる便利な言葉。例えば、“Il menu, per favore（イル・メニュー・ペルファヴォーレ）”は「メニューをお願いします」。“Un caffè, per favore（ウン・カフェ・ペルファヴォーレ）”は「コーヒー（エスプレッソ）1杯お願いします」。

● Posso?（ポッソ）「いいですか？」

これもなかなか使える言葉。相手から許可を得るときに使います。“Posso?”と言いながら指差しやジェスチャーをすれば応用が利きます。写真を撮りたかったら“Posso?”と言いながらスマホで写真を撮るポーズをする。試着したいときは洋服を指差して着るポーズをしながら“Posso?”と言えばいいわけです。

● Dov'è il bagno?（ドヴェ・イル・バーニョ）「トイレはどこですか？」

イタリアでトイレに困ったら、バールに入るのがおすすめです。もちろん、エスプレッソの一杯くらいは注文してくださいね。“Dove”は「どこ」という意味。ちなみに英語の5W1Hをイタリア語で表現するとこんな感じです。When=Quando（クアンド）/ Where=Dove（ドヴェ）/ What=Che cosa（ケ・コザ）/ Why=Perché（ペルケ）/ Who=Chi（キ）/ How=Come（コメ）

chapter

4

ちょっと足を延ばして田舎へ行こう

マルケの楽しみ方 9

美しい村のB&Bや農場に泊まるのもいい
田舎暮らしを体感してみよう

おいしい料理と美しい景色に心が満たされます。

ローマやミラノ、フィレンツェなどの有名な都市は、観光スポットも多く、やはり一度は行っておきたいところだと思います。

しかし、田舎の小さな村には、はるか昔から変わらぬ自然や、そこに暮らす人々との触れ合いなど、村ならではの別の魅力があります。

日本では、テレビ番組『小さな村の物語 イタリア』が長く放送されている影響か、「イタリアの田舎町で暮らすように滞在してみたい」と、憧れる人がとても多いように感じます。

さて、ひと口に「イタリアの田舎町」と言っても、具体的にはどこに行けばいいのでしょう。

皆さんは「最も美しい村」という団体をご存じ

「イタリアの最も美しい村」に加盟している村

アルセビア	モンテ・グリマーノ・テルメ	ペルゴラ
チンゴリ	モンテカッシアーノ	ペトリトリ
コリナルド	モンテコーザロ	リパトランソンゾーネ
エザナトーリア	モンテファッブリ	サン・ジネージオ
フロンティーノ	モンテフィオーレ・デッラーゾ	サルナーノ
グラダーラ	モンテルポーネ	サッソフェッラート
グロッタンマーレ	モンテプランドーネ	セルヴィリアーノ
マチェラータ・フェルトリア	モレスコ	トッレ・ディ・パルメ
メルカテッロ・スル・メタウロ	モロ・ダルバ	トレイア
モンダーヴィオ	オッファーニャ	ヴィッソ
モンドルフォ	オッフィーダ	シローロ

でしょうか？

小さくても豊かで魅力的な村の振興を目的に設立された団体で、日本やフランスをはじめ世界中にあり、イタリアには「イタリアの最も美しい村（I borghi più belli d'Italia）」があります。

ここに加盟している村は、美しい景観、自然遺産や建築遺産を持つ小規模なコムーネ（市町村）で、厳しい審査基準をクリアしています。小さな村に行きたいときの、いい指標になるかもしれません。

海と山があり、地理的にもバラエティに富むマルケ州では、33カ所が加盟しており、イタリアでトップクラスの多さです（2025年2月現在）。それぞれの村に個性がありますので、ぜひチェックして、これはと思う村を探してください。

行き先が決まったら、次は宿泊場を決めますよね。

小さな村に泊まるなら、一般的に選ばれるのはB＆Bです。

たとえば、すでに料理のおいしい店としてご紹介したダ・グスティン（P61）。小高い丘の上から緑の山間が見渡せる、バルニという村にあります。観光地ではありませんが、散歩をしたり自然の中で

ダ・グスティンから臨む風景。　小 お気に入りのB&B、ダ・グスティン。

ゆったりとした時間が過ごせます。

僕がここにはじめて行ったときは、修業している店の関係者からの紹介だったこともあり、到着するなりご主人のヴィルジニオが「研修しよう」と言って、いろいろな料理を教えてくれました。夜には彼の地元の友だちも呼んでくれ、皆で夕食を食べたりワインを飲んだりして楽しい夜だったことを思い出します。料理もワインも絶品だったことは言うまでもありません。

ちなみにこの地域のワインとしては「ビアンケッロ・デル・メタウロ」が有名です。土地の料理にその土地のワインを合わせるのが基本ですから、ぜひ皆さんにもそのスタイルで楽しんでいただきたいと思います。

田舎暮らしを、より堪能したいときは、アグリツーリズモもいいですよ。

アグリツーリズモ（Agriturismo）とは、Agricoltura（農業）とTurismo（観光）から作られた言葉で、農家に泊まり、

左 居心地のいい、こぢんまりとしたベッドルーム。
右 ワインとおつまみがあれば会話も弾みます。

看板を見るたびに帰ってきた気持ちになります。

実際の暮らしを体験する旅行を意味しています。
農家と言っても野菜の農場だけでなく、酪農やワイナリーなどのアグリツーリズモもあります。現在では本当に農業をするところは少数派ですが、希望者には体験コースを設けているところもあるようです。

イタリアのアグリツーリズモには、「提供する食材や飲み物は自家製か地域の農園の産物でなくてはならない」「宿泊人数は最大で10名」といった規定があります。ですからその土地ならではの食事が確実に味わえる絶好のチャンスです。

そして、ホストの農家さんとの距離も近く、ホームステイのようなアットホーム感を味わえることでしょう。

さらに最近では、アルベルゴ・ディフーゾ（Alberghi Diffusi　分散型ホテル）という選択肢もあります。

集落内の空き家を宿泊施設として活用したもので、レセプションに当たる共有スペースもあり、そこでは地元の人との交流もできます。言ってみれば、村全体がホテルというイメージの宿泊方法です。

OSTERIA PEPE NERO

オステリア ペペネロ

旧市街にある丘の頂上という少し人里離れたロケーション。
たどり着けば、フレンドリーなスタッフが迎えてくれる。
明るいうちにテラス席に座れば市街地が一望のもとに。

「ガンベロロッソ」でも高評価 海沿いの町のシックなレストラン

アスコリ・ピチェーノから30㎞ほど北上した海沿いの町、クプラ・マリッティマにあるレストラン。週末は近くまで車で行くことができないため、市庁舎の前からシャトルバスを利用します。イタリアのグルメガイド「ガンベロロッソ」にも2ガンベリ（二つ星）で掲載されています。

30ユーロ程度でコース料理が食べられ、ワインを持ち込むことも可能です。

INFORMATION

所在地　Via Castello, 20, 63064 Cupra Marittima AP
（アスコリ・ピチェーノ県クプラ・マリッティマ）

HP　https://www.facebook.com/profile.php?id=100054564605018

PAGLIÀ PIZZA E FICHI
パーリア ピッツァ・エ・フィーキ

清潔感溢れる店内で味わえる自慢のオリジナルピッツァ。
色や形などの見た目にもこだわった美しいメニューの数々。
メニューは季節ごとに変わっている。

南マルケにある
モダンなピッツェリア
豊富なメニューが魅力

アブルッツォ州との州境に近い南マルケの町、スピネトーリにあるモダンなインテリアも魅力的なピッツェリア。

品質にこだわり、ピッツァ生地とパンには石臼でひいた地元の有機小麦粉を使用し、自然発酵させています。お子様向けメニューもありますし、とにかくピッツァの種類が豊富なので、できれば大勢で行っていろいろなメニューを楽しみたい店です。

INFORMATION

所在地 Via Celso Ulpiani, 12, 63078 Spinetoli AP
（アスコリ・ピチェーノ県スピネトーリ）

休日 火　HP https://pagliapizzaefichi.it/

会場となるビーチのサンセット。

マルケの楽しみ方 10

街中がグッド・オールディーズに染まる！

年に一度のサマージャンボリーに参戦

セニガリアの夏のお楽しみと言えば、「サマージャンボリー」。１９４０～50年代の古き良き時代のアメリカの音楽やダンスなどのカルチャーを楽しむフェスティバルです。

有名なロックンロールのバンドが登場するので、その演奏がメインになるのですが、音楽祭というよりも、セニガリアが映画『アメリカン・グラフィティ』のようなオールディーズの世界観に染まって、町を挙げて皆で楽しむお祭りといったほうが正しいですね。

毎年7月下旬から8月上旬に1週間から10日程度行われ、この時期はとにかく人が多い。それもそのはず、セニガリアの「サマージャンボリー」は、このジャンルではヨーロッパ最大の国際フェスティバルなのだそうです。

街もクルマもまるごと
オールディーズに!

プログラムとしては、ロカビリーのコンサートのほかDJコンテスト、ダンスキャンプ、バーレスクショー、ダンスを学べるワークショップなどもあります。

ビーチでは「ハワイアンビーチ」というゾーンがあり、屋台でアロハシャツを売っていたりして、セニガリアにいながらにして、ハワイアンな雰囲気が味わえます。

また、40年代、50年代のヴィンテージを売っているマーケットもあるのでマニアにはたまらないでしょう。フィフティーズ・ファッションの仕上げにヘアスタイルをバッチリキメてくれる理髪店や美容院まで出店しています。

お客さんたちも思い思いにジルバを踊ったり、ビーチでも音楽をガンガン流していたり、ヴィンテージの車やバイクで来ている人もたくさんいて、セニガリア中がレトロなムードで溢れます。

もちろん、ただ飲んで見ているだけでもよし。オールディーズの世界が楽しめます!

マルケの楽しみ方 11

ユニークなマルキジャーニと出会おう!

マルケにまつわる僕的有名人の話

これまでマルケの有名人として、ラファエロやロッシーニなど歴史上の人物をご紹介しましたが、ここでは僕が出会った、知る人ぞ知る有名マルキジャーニのお話をしたいと思います。

まずは僕の師匠、ミシュラン二つ星の大人気店「マドンニーナ・デル・ペスカトーレ」のオーナーシェフのモレーノ・チェドローニ。彼はマルケはもちろん、イタリアを代表するスターシェフなので、知る人ぞ知るではなく、実際にかなり有名です。

店はセニガリアの中心から少し離れたマルツォッカにあり、父親のピッツェリアをリストランテに変えて、二つ星まで押し上げました。革新的な料理や、分子料理に挑戦するなどクリエイティブに取り組み、彼自身が大好きという日本の食材を交えていたこともありました。今また路線が変わって、北欧系の発酵料理を取り入れるなど、実験的な料理が増えています。

ちょっと変わったスターシェフ、モレーノ。

一つのことを突き詰めるタイプで、いつも「この皿にはこれが足りない、これがいらない」と言っては、改善を重ねていました。彼のすごいところは料理の完成まで一切妥協のないところです。いろいろな食材を積極的に取り入れる発想もすごければ、レシピも細かく、0コンマ何グラムと、小数点単位の分量でレシピを作るのです。僕も影響を受け、うちの店にも0コンマ何グラムという細かいレシピがたくさんあります。

彼の教えで印象に残っているのは、たとえば賄いで「パンとワインと果物は絶対出せ」と、強く言われていたことです。おそらくパンとワインはキリスト教由来のこと。果物は不明です（笑）。「汚い掃除道具ではきれいにならない」というのも口癖で、毎日、塵取りまで洗わされていました。掃除は仕事の基本ですが、とにかく何事にも細かい人です。でも、僕はすごくよくしてもらいました。「調子に乗るなよ」と、親のように怒られたこともありましたが、有難いことだと思っています。

このモレーノの妻、マリエッラさんは、逆にすごく優しく温厚です。モレーノがちょっと普通でない分（笑）、その穴を埋めてくれています。モレーノが1日5回くらいキレるのに対して、マリエッラが怒るのは見たことが

マリエッラはシェフを支える優しい奥さん。

ないほど穏やか。彼女がいたから僕は5年も店に残れたのかもしれません。マネージャー的な立場で、お客様を迎えたり、時には食事を運んだりもします。彼女に会いに店に来る人も多いですよ。

モレーノとライバル関係にあるのが、三つ星レストラン「ウリアッシ」のシェフ、マウロ・ウリアッシ。彼は人望が厚いのかチーム力が凄く、ウリアッシチームには10年、20年選手が大勢います。もちろんアイデアや技術もすごいのでしょうが、彼は下についている人をまとめたり、盛り上げたりするのがうまいという印象です。

ウリアッシもずっと二つ星でしたが、3年ほど前に三つ星に昇格しました。昔からモレーノとマウロは、マルケのみならずイタリアの飲食業界を盛り上げていく仲間でもあり、互いに切磋琢磨するいいライバルだと思います。

それから、マンチーニというパスタメーカーの若き経営者、マッシモ・マンチーニもすごい人。学校で農業を学んだ後に大手パスタメーカーで基礎を学び、今は独自の小麦の研究開発を行って自社畑の小麦で作るパスタを売っています。祖父の代からの小麦畑を継いだ彼は、どの畑で穫れた小

研究熱心な若きパスタ生産者、マンチーニ。

モレーノとはライバル関係にあるマウロ。

麦をどの割合にするかなどの工夫でパスタを変えたり、新しい技術を取り入れたりしています。品種や畑によっても違うとか、とにかく研究熱心で、彼のパスタに懸ける情熱にはとても共感できます。

ワイナリーの有名人も紹介しましょう。一人はウマニロンキの当主ミケーレです。ウマニロンキはマルケの老舗で、知名度も高く規模の大きいワイナリー。その当主ですから当然、威厳もあるし、とはいえイタリア人気質もある。実際にお会いしたら、とてもフレンドリーで、かなりびっくりしました。

もう一人はヴェレノージというワイナリーの社長、アンジェラ。とてもパワフルで熱い女性です。元夫のエルコレは醸造部長、製造の責任者ですが、土着品種にこだわり、ワインもトレビッキエーリ（「ガンベロロッソ」誌がイタリアワインに与える最高評価）を受賞するような高品質のものばかりです。

1984年にアスコリ・ピチェーノでゼロからワイン造りを始め、今ではマルケ州2番目の規模のワイナリーとして世界約55カ国に輸出しているそうです。

ウマニロンキの当主ミケーレは地元の有名人。

世界規模のワイナリーを率いるアンジェラ。

土着品種で高品質なワインをつくるエルコレ。

マルケの楽しみ方 12

マルケの名物魚介料理を食べ比べてみよう

ブロデットで海沿いの町をめぐろう

マルケの名物料理の一つに「ブロデット」（Brodetto）という魚介類のトマト煮込みがあります。昔、漁師たちが、傷ついた魚やサメのような売り物にならない魚、捨てるような部位を大鍋で煮て食べたのが始まりだといわれています。

多くはオリーブオイルたっぷりのトマトの濃いスープを使いますから、ブイヤベースのように魚介の出汁を味わうというよりも、トマトの酸味や旨味を魚介類と合わせて味わう料理になります。

ブロデットはマルケを中心に、北はエミリア＝ロマーニャ州から南はモリーゼ州まで、アドリア海沿いの中部の町で広く愛されている伝統料理です。そのため、一口に「ブロデット」と言っても、土地によって材料やレシピが違い、「〇〇風ブロデット」といった土地の名前を冠したものがたくさんあります。僕も一冊まるまるブロデットだけ、という料理本を買い求め、さまざまなレシピで作ってみたりしました。

マルケのブロデットだけでも、ファーノ風、アンコーナ風、ポルト・レカナーティ風、サンベネデット風と、似て非なるブロデットが4つもあります。それぞれの特徴を簡単にご説明しましょう。

まず北マルケの海沿いにある町ファーノの「ファーノ風ブロデット（Brodetto alla Fanese）」。材料は、白ワインビネガー、玉ネギ、にんにく、魚の出汁、オリーブオイル。そしてトマトペーストを使うのが特徴です。濃縮されたトマトの甘さと、白ワインビネガーの酸味がほどよく調和し、スープとしては酸味が結構効いているのですが、魚介や甲殻類の出汁のおかげで味がまとまっている一品です。ファーノにあるレストラン「ダ・ターノ（Da Tano）」は、このファー

右 地元で獲れた魚介を惜しみなく使います。
左 じっくり煮込んだ料理は旨みが凝縮されています。
下 ファーノ風ブロデットは絶品。

ノ風ブロデットがおいしいと評判です。

　次は、州都アンコーナの「アンコーナ風ブロデット（Brodetto all'Anconetana）」。ファーノ風と似ていますが、ファーノは濃縮トマトペーストを使うのに対し、アンコーナでは生のトマトか水煮缶をよく使うので、さっぱりとした味わいです。

　さらに南に行ったマチェラータにある海沿いの町、ポルト・レカナーティ。ここの「ポルト・レカナーティ風ブロデット（Burodetto di Porto Recanati）」になると、トマトは入らず、サフランと白ワインが入るかなりユニークなもの。これは20世紀の初頭に「イル・グロッティーノ（Il Grottino）」というシャレー（山小屋）のオーナーで、そこのレストランのシェフでもあったジョヴァンニ・ヴェルッティのオリジナルレシピを参考にしているといわれています。

　彼のレシピはコーネロ山で発見された野生のサフランを使っていました。このように、現地で採れる素材を加えることでアレンジがなされることは多いようです。

　現在もサフランを使っているので、スープがちょっと黄色く、味

右　ポルト・レカナーティ風はトマトを使いません。
左　野生のサフランで彩りを加えます。

も他とは全く違います。ポルト・レカナーティ風は、マルケでもかなり個性派です。

さらに南下し、アスコリ・ピチェーノにある町、サンベネデット・デル・トロントの「サンベネデット風ブロデット(Brudetto alla Sambenedettese)」は、白ワインと白ワインビネガー、グリーントマト(未熟なトマト)とパプリカを使うのが特徴です。隣接するアブルッツォ州のブロデットもパプリカを使うので、その影響を受けているのかもしれません。

同じブロデットでも、かなり違うということがおわかりいただけたかと思います。この4つの町はすべて海沿いにあり、電車1本で行けるので、アクセスがとても楽です。ブロデットでそれぞれの土地の味を食べ比べながら、海沿いの町をめぐり歩くのもいいのではないでしょうか?

ポルト・レカナーティ風
ブロデット。

ラ・モナチェスカのブドウ畑は圧巻です。

マルケワインの奥深さを知る

本場のワイナリーをたずねよう

イタリアは世界最大のワイン生産国。その中でマルケ州も毎年約80万hl（ヘクトリットル）のワインを生産しています。ブドウ栽培面積は約1万5500haもあり、生産量は白ワイン52％、赤ワイン48％とほぼ半々です。マルケワインの顔と言うべき存在が、土着品種から作られるヴェルディッキオです（P19）。

マルケには主要なワイン産地が二つあり、一つはアンコーナの西に位置する町イェージ、もう一つはアペニン山脈の麓にある町マテリカです。僕が「海のヴェルディッキオ」と呼ぶイェージ産は、果実味やミネラルが豊富。「山のヴェルディッキオ」と呼ぶマテリカ産は冷涼で、酸味が強いことが多く、産地によって違いがあります。

自分好みのワインを探す旅や、ワイナリー見学も楽しいと思います。

GAROFOLI ガロフォリ

ロレートからのアクセスも いい老舗ワイナリー

大聖堂のある町ロレートから行ける大規模なワイナリー。アポをとって行けば試飲もありますし生産過程を見せてもらうこともできたりします。安価なものから高級ワインもあり、楽しめます。

INFORMATION

所在地 Sede Legale: Via Arno, 9-1-60025 Loreto AN（アンコーナ県ロレート）
Sede Cantina: Via C. Marx, 123-60022 Castelfidardo AN
（アンコーナ県カステルフィラルド）

H P https://garofolivini.it/

LA MONACESCA ラ・モナチェスカ

マテリカでも指折りの 名ワイナリー

ヴェルディッキオの二大産地の一つマテリカでも、モナチェスカは三本の指に入る名ワイナリー。アクセスは少し悪いですが、ヴェルディッキオを使った熟成ワインのおいしさに、ワイン通も満足できるはず。

INFORMATION

所在地 Contrada Monacesca 62024 Matelica MC（マチェラータ県マテリカ）

H P https://www.monacesca.it/

FATTORIA SAN LORENZO
ファットリア・サン・ロレンツォ

いかにも中部イタリアらしいなだらかな丘陵が続く。
美しい風景の中にある畑から収穫されたブドウで
職人がこだわり抜いたワインがつくられている。

セメントタンクやコルクにもこだわる職人気質のつくり手

ナタリーノという僕の知人による家族経営の小さなワイナリー。こだわりはセメントタンクで発酵させること。ステンレスよりもコストはかかりますが、温度管理も徹底しているため、空気の入り込む余地があり、安定した発酵が可能に。

見学はもちろん、ここには宿泊施設もあるので、ゆったりとワイナリーに滞在したい人におすすめです。

INFORMATION

所在地　Via San Lorenzo n. 6　60036 Montecarotto AN
（アンコーナ県モンテカロット）

TERRACRUDA
テッラクルーダ

ペーザロの丘の上にある村フラッテ・ローザ。
ここの粘土からつくられるテラコッタは世界的に有名。
この地で採れる地元品種のブドウからDOCが生まれる。

ペーザロの山岳地帯にあるテラコッタが有名な村のオシャレなワイナリー

フラッテ・ローザというテラコッタが有名な村にある、もともと伝統家具をつくっていた一家による家族経営のワイナリーです。テイスティングルームも備えているので、気軽に試飲をすることもできます。

地元品種のワインを生産しており、ビショラ（Visciola）と呼ばれる野生サクランボとワインでつくるデザートワインも生産しています。

INFORMATION

所在地　Via Serre, 28-61040 Fratte Rosa PU
（ペーザロ・エ・ウルビーノ県フラッテ・ローザ）

HP　https://terracruda.it/

マルケの楽しみ方
14

名産地アクアラーニャで贅沢三昧
ひたすらトリュフを味わおう

日本でも人気の高級食材トリュフ。じつはトリュフはイタリア中部ならどこでも採れ、マルケならではの食材ではありません。しかし、ピエモンテ州のアルバと並んで、マルケ州ペーザロ・エ・ウルビーノには、アクアラーニャという白トリュフで有名な町があります。黒トリュフが土やキノコの香りがするのに対して、白トリュフは独特の力強い芳香があります。ちょっとライターのガスのような揮発性の香りに近く、パワーが違います。アクアラーニャにはトリュフ専門店があり、白トリュフだけでなくサマートリュフなどさまざまな品種のトリュフを扱っているので、季節を問わず食べることができます。

トリュフ好きなら注目したいのがアクアラーニャのトリュフフェスティバルです。毎年10月下旬から11月に行われる「国際白トリュフ祭り（Fiera Nazionale del Tartufo Bianco)」は、小さな

アクアラーニャで売られているトリュフ。

アクアラーニャの町に20万人もの観光客が訪れる一大イベントです。さまざまなトリュフの試食ができ、トリュフオイルのようなトリュフ由来の商品も買え、料理教室も開催されます。トリュフ好きにはまさに天国。ただし、開催時期はその年によって異なるので、必ずご確認ください。

アクアラーニャではシーズンになるとトリュフのコース料理もあるようです。マルケ全体に流通はしていても、さすがに家庭で食べるという料理ではなく、高級レストラン限定です。

イタリアでトリュフは卵料理と合わせることが多く、ピエモンテ州のアルバでは目玉焼きにトリュフをかけるのがセオリーです。ウォーバインココット(Uova in cocotte)は、生クリームと合わせて卵をオーブンで焼き、半熟卵にトリュフをかけるもの。炒り卵にかけることもあります。

香り豊かな黒トリュフのオムレツはお酒が進みます。

肉のカルパッチョにかけたり、トリュフ入りのサラミもあります。その他トルテッリというラビオリの一種に使うことも。マルケではマルケ特有のパスタ、パッサテッリにトリュフをかけて食べることもあります。パッサテッリは卵とパン粉を使ったパスタなので、セオリーにかなっていると言えます。

マルケの楽しみ方 15

人気店で地元の人と触れ合おう マルキジャーニ御用達のお店

ラ・カンティーナ・ソチャーレ

RISTORANTE LA CANTINA SOCIALE

「地下室」や「ワインの貯蔵庫」を意味するカンティーナという名にちなみ、インテリアもワイン蔵を思わせるシックなイメージ。

ペーザロ・エ・ウルビーノ県の村、カンティアーノの中心部、ルチェオーリ広場にあるシックなレストラン。美しい石造りのアーチがエレガントで、ロマンチックな雰囲気を醸し出しています。

イタリアの「スローフード協会」に属しているこのレストランは、オーガニックワインと地元の食材を使用。特に肉は自社農場のもののみを使っているこだわりよう。フレンドリーなスタッフに尋ねればペアリングも教えてくれます。

INFORMATION

所在地 Via Augusto Fiorucci, 2, 61044 Cantiano PU
（ペーザロ・エ・ウルビーノ県カンティアーノ）

HP https://lacantinasociale18.it/

Instagram lacantinasociale_cantiano

ジェラテリア・クアトリーニ
GELATERIA QUATTRINI

天然素材にこだわった創作的な絶品フレーバーも味わえる(P4)。
ジェラート好きならぜひ立ち寄りたい名店!

イタリアのジェラテリア2022、「ガンベロロッソ」の3コーン（最高レベル）にも選出されたマルケの名店。

原料にこだわり、厳選された高品質の天然素材のみを使用して、職人技によるジェラートを提供しています。クリーミーで濃厚な味わいが特徴です。家族経営の店ですがとても研究熱心で、昔ながらの味はもちろん、創作的なフレーバーも楽しめます。

オステリア・サーラ（P60）のすぐ近くにあるので併せて行くのもおススメです！

INFORMATION

所在地 Via A. Giulietti, 39, 60020 Sirolo AN

Instagram gelateriaquattrinisirolo

COLUMN

仲間とのひとときが楽しかった修業時代

同僚たちとの共同生活

マルケでの修業時代は店の仲間たち４人とアパートで共同生活をしていました。バス、トイレ、ダイニングキッチンとあと一部屋。あまりプライベートがない生活でしたね。

僕は自分流にルールをつくっていました。朝は早く起きて一番にシャワーを浴びる。仕事から帰ったら一番にシャワーに入る。もう誰も寄せつけない。こうすれば誰かと被ることもありません。そうやってストレスが少なくなるような工夫をしていました。

夜はみんなアパートのベランダに出てタバコを吸っていました。僕はタバコを吸わないけれど、一緒にベランダに出て、一日を振り返って反省会をやりました。その辺りはミシュランの星つき店で働く人間としての向上心とプライドなのかもしれません。「今日の賄いはひどかったな」なんてバカ話をして笑ったりもしました。

深夜にお腹が減ったときは切り売りのピッツァやパニーノを買ってきて食べたり、近所のアイリッシュパブに行ってギネスを飲んだりポテトを食べたりしましたね。

一日中きちんとした料理と向き合う仕事をしていたから、なにかジャンキーなものを食べたくなるんですよね。そんな同僚たちと過ごした、たわいのない時間もいい思い出です。

chapter

5

マルケから行ける別世界も体験しよう

時間に余裕がある人におすすめしたいのが、マルケの周辺都市への旅です。いずれもクルマなら片道2時間ほどで行けるので、日帰りでも十分楽しめますよ。

area 1

食い倒れの旅

セニガリア ▶ ボローニャ

▶ p.134

マルケを代表する美食の町、セニガリアから同じく食で有名な町、エミリア=ロマーニャ州の州都ボローニャまで足を延ばしてみるのはいかがでしょう。ペーザロなどを通ってトレーニイタリア（Trenitalia イタリア鉄道）で2時間ほどで行けるのも便利です。

area 2

古都をめぐる旅

ウルビーノ ▶ ペルージャ

▶ p.136

マルケの世界遺産の町、ウルビーノから、同じく中世の面影を色濃く残す美しい町、ウンブリア州の州都ペルージャへ。電車で行こうと思うと大変ですが、車なら1時間ちょっとで行ける距離で、レンタカーが一番便利です。本数は少ないですがバスを利用する手もあります。

クルマで
まわると
効率アップ

テーマを決めてマルケ以外も楽しみ尽くそう

area
3

海から山頂へ

ペーザロ▶サンマリノ共和国

▶p.138

北マルケの海沿いの町ペーザロから、エミリア=ロマーニャ州の港町リミニを経由して、そこから内陸に向かい、一気に登って丘の上の小国、サンマリノへ。全行程レンタカーで行くのもよし、リミニまで電車を使い、そこからバスとロープウェイで行くもよしです。

area
4

南部を感じる

サンベネデット・デル・トロント▶ペスカーラ

▶p.140

マルケでも南に位置するサンベネデット・デル・トロントは、南の州アブルッツォの影響がよく見られます。アブルッツォの州都ペスカーラはかなり規模も大きく南部気質のある都市です。電車一本で30分ちょっとで行けるのでぜひ足を延ばしてみては。

area 1

美食と欧州最古の大学が有名な豊かな街

ボローニャ

（エミリア＝ロマーニャ州）

マルケの美食の町セニガリアは、星つきのレストランも魚介がメインですが、そこから少し先にあるボローニャは、同じ美食の町といわれていても、扱う食材がまるで異なります。

ボローニャは、ミラノとフィレンツェの間に位置し、イタリアの交通網の重要な拠点です。食品産業がとても盛んで、豊かなイメージがあります。またヨーロッパ最古といわれる11世紀創立のボローニャ大学があり、ボローニャの人口およそ40万人に対し、ボローニャ大学の学生数は約10万人という学生の町でもあります。

ボローニャの食と聞いて多くの日本人がすぐに思い出すのは、ひき肉料理ボロネーゼの

国内で最も優雅な広場の一つに数えられるマッジョーレレ広場。

左 名物のトルテッリーニ・イン・ブロード。
右 サン・ペトローニオ聖堂はヨーロッパで7番目の大きさを誇る。

発祥の地だということではないでしょうか。ボローニャにはこのような肉料理もあり、イタリアチーズの王様といわれるパルミジャーノ・レッジャーノもあり、モルタデッラやプロシュットといったハム系も豊富。僕自身は、ボローニャではラグーも食べますが、コトレッタ・アッラ・ボロネーゼ（cotoletta alla bolognese）という、肉を生ハムとパルミジャーノソースでコテコテに仕上げた典型的なボローニャ料理も食べたりします。

観光としては、まず町の中心にあるマッジョーレ広場に行き、そこから聖ペトローニオ大聖堂やボローニャの斜塔に行くのがいいでしょう。斜塔はピサが有名ですが、ボローニャにも2本の斜塔があり、その近辺の市場やイータリーで食の買い物をするのがおすすめです。北イタリアの伝統的な保存食のモスタルダ（フルーツのシロップ漬けにマスタードを加えたもの）など、日本にあまりないものが手に入るでしょう。また、ボローニャの学生たちは、持ち込みOKのバールで、市場で買った食べ物を楽しんでいます。そこでランブルスコなどを飲めば、すぐに地元っ子の仲間入りができそうですね。

4000点を所蔵する国立ウンブリア絵画館。

area 2

音楽フェスでも有名、歴史を感じる古都

ペルージャ

（ウンブリア州）

ウルビーノからさらに内陸へ足を延ばして、中世の面影を残す古都ペルージャへと向かいます。

ウンブリア州の州都ペルージャには、ペルージャ外国人大学があり、世界各国の留学生を数多く受け入れています。日本からの留学生も多い町です。また、スポーツ好きな人は、サッカーの中田英寿さんが所属したチームがあることを思い出すかもしれませんね。

ペルージャは音楽も盛んで、毎年夏には世界的に有名なジャズフェスティバル「ウンブリアジャズ」を開催しています。

2023年で50回を迎えたこのフェスは、マイルス・デイヴィスやクインシー・

右 お土産にしたいデルータの陶器工房の作品。
左 売店が並ぶペルージャの街角。

ジョーンズなどジャズ界の大物に加えて、レディー・ガガやエルトン・ジョンといったポップス界のスーパースターもゲストに名を連ねています。

また、旧市街にはサン・ロレンツォ大聖堂、マッジョーレ噴水、デイ・プリオーリ宮など見どころが多く、どれも徒歩圏内で効率よく見てまわることができます。

ペルージャの食は、トリュフなど、同じ内陸のエミリア＝ロマーニャ州の町と似たものが多くあります。ペルージャ料理としては、トルタ・アル・テスト（Torta al testo）というパニーニ風の平焼きパンが有名。また、ウンブリチェッリ(Umbricelli)、ストランゴッツィ(Strangozzi)といった、卵の入らない太麺のパスタが多いです。そして、イタリア土産の定番チョコ、バッチ（baci）の製造元ペルジーナ社は、ペルージャの会社。同社ではチョコレート工場の見学も受け付けているので、興味のある人は立ち寄ってみてください。

毎年秋に行われる「ユーロチョコレート」は、ヨーロッパ最大級のチョコレートの祭典。日本にも上陸しています。

area 3

3つの塔がシンボル、世界で5番目の小国

サンマリノ共和国

世界で一番小さい国は、ローマにあるバチカン市国。これはよく知られていると思いますが、もう一つ、イタリアの中には世界で5番目に小さい国、サンマリノ共和国があるのです。マルケにも近く、ペーザロから車で行けば1時間ほどで着きます。

ティターノ山の上に立つ3つの塔がサンマリノの象徴。ここから見降ろすパノラマはまさに絶景。小さな町なのであまり宿泊する観光客は多くないようですが、季節によって朝方には雲海が広がって見えることもあります。さながらイタリアのマチュピチュといった風情。じつは、サンマリノにはヨー

3つのうち第1の塔、グアイタ城砦。

ロッパで数少ない日本の神社の一つ、サンマリノ神社があるのです。そのためかどうかは分かりませんが、サンマリノの人々は親日家の方々が多い気がします。

また、サンマリノは独立国なので、税制がイタリアと違い、ほぼ免税に近い買い物ができます。最近、アトランテショッピングセンターというモールができ、アウトレットのような価格で買い物を楽しめます。

また、サンマリノはその昔、モーターレース、F1のサンマリノ・グランプリが行われていたことで、ご存じの方もいるかもしれません。1994年、当時の大人気ドライバー、アイルトン・セナが事故死したのが、このサンマリノ・グランプリでした。しかしこのレースはサンマリノの名前を冠しているだけで、実際にはボローニャのイモラにあるサーキットで開催されていました。イモラ・サーキットにはセナの銅像が設置されており、今も彼のファンが訪れる聖地になっているようです。

また、イモラはフェラーリの本拠地があるところ。フェラーリ博物館があり、車に興味のある人ならばとても楽しめます。モータースポーツつながりでサンマリノとイモラを回るのもいいのではないでしょうか。

左 サンマリノのシンボルの一つ政庁舎。 **右** 上空から見たグアイタ城砦。

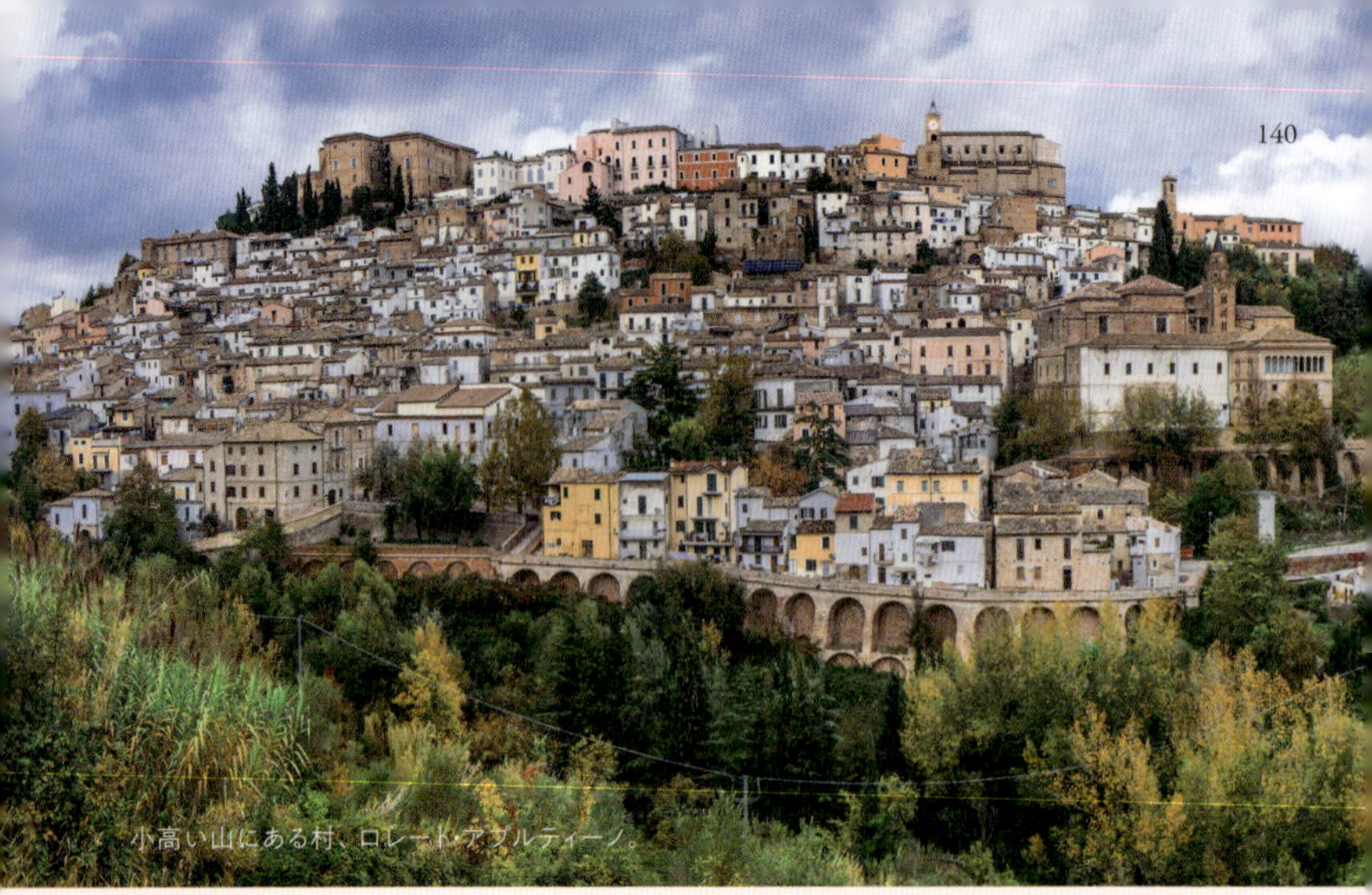

小高い山にある村、ロレート・アプルティーノ。

area 4

ラテンな雰囲気が漂う都

ペスカーラ
（アブルッツォ州）

南マルケのサンベネデット・デル・トロントから電車に乗り、車窓に広がる海を眺めながら南下していくとアブルッツォ州の州都、ペスカーラに到着します。特急なら30分もあれば十分という距離です。地理的にはイタリア中部の州なのですが、アブルッツォはどこか南イタリアっぽい感じのする州。ラテン気質が強いと言うのか、おおらかで、よく笑うような親しみやすい人々も多く、日本人がイメージする典型的なイタリア人像に近いかもしれません。

人口12万人のペスカーラは、マルケの州都アンコーナ（同10万人）よりも規模が大きな港湾都市です。アドリア海が美しく広がり、アブルッツォ国立公園という、マルケ州、ラツィオ州までも広がる、イタリア最大の国立公園もあり、自然にも恵まれています。

ペスカーラは大きな町なので、観光で見るべきところも多くあります。

最近人気のスポットは「ポンテ・デル・マーレ」という橋。サイクリング用と歩行者用があり、円を描いたようなユニークな形も旅行客に人気の理由かもしれません。ここから眺める夕日はとても美しいと評判です。近くで自転車を借りることができるので、走ってみたら、いい思い出になりそうですね。

また、日本と同じく温泉があるのがイタリア。温泉はテルメ（Terme）と呼ばれ、裸ではなく水着で入ります。カラマーニコ・テルメという町にある温泉は、ペスカーラからバス便があるので、手軽に行けると思います。この温泉は１５６７年にドミニコ会の宣教師が偶然、発見したことが始まりで、現在でも人気の温泉地です。

そして、ペスカーラ料理と言えば、なんといっても羊肉の串焼きアロスティチーニ（Arrosticini）が有名です。日本の某イタリアンレストランチェーンが扱ったところ、大人気になったというニュースもありましたね。

さらに同じくアブルッツォでは、モンテプルチアーノ・ダブルッツォ、トレッビアーノ・ダブルッツォという、赤、白ワインがとてもよく知られていますから、ペスカーラは観光に加えて食も楽しめます。

COLUMN

まったく分からないところから実践で学ぶ

井関式イタリア語学習法

日本でも少しはイタリア語を勉強しました。ラジオ講座を聞いて単語も覚え、民間の語学学校にも通いました。でも現地に行ったら全然分からない。話すのも早いし、相手はピエモンテ方言だから、なおのこと分からない。最初は先輩の日本人を頼りにしていました。

時間が経つうちに以前覚えた単語が少しずつ聞き取れるようになっていきます。日本的な、単語を覚えて文法を学ぶような勉強法も、結構軽く見ていたのですが、あながち間違ってないなと思うようになりました。文法ってあとから活きてくるんです。だからこうなるのかと理屈が分かるようになってくる。そうなるまでに2年くらいかかりました。

バールで会話することも実践としてはよかったです。「カフェ、何にする？」「昨日も来たよね？」なんてことからはじまるわけです。店員がかわいい女の子だったらなおのこといい。僕はやらなかったけど、「何時に終わるの？電話番号教えて？」とか（笑）。

僕みたいにイタリア語が分からなくても雇ってはもらえます。かといって自然と話せるようになるわけじゃない。大事なのは気持ち。僕はイタリアでも毎晩、勉強していましたよ。

chapter

6

マルケ料理を自宅で味わおう

Vincisgrassi

ラザニア

実はマルケの伝統料理

マルケの伝統料理にしてイタリア家庭料理の大定番、みんな大好きラザニア。クリスマスや休日に家族が集まるときには必ずといっていいほど出されます。日本で言えば「肉じゃが」のようなおふくろの味で、家庭によってそれぞれ味が違います。海沿いにあるレストランでは魚介のラグーでつくった変わり種のラザニアを出すところもあり、僕の師匠モレーノもときどきつくっていましたが、僕はやっぱり肉が入ったラザニアが一番おいしいと思います。

僕の店「ａｎｉｋò」では、マルケ時代に学んだ家庭料理をベースに、よりマルケらしさを味わっていただくために鶏レバーを加えて提供しています。

材料（6〜8人分）

A	小麦粉	200g
	卵	2個
	塩	ひとつまみ
	オリーブオイル	小さじ1
B	オリーブオイル	大さじ1と⅓
	玉ねぎ	⅛個（20g）
	にんじん	⅙本（20g）
	セロリ	¼本（20g）
	にんにく	1片
	合いびき肉	200g
	鶏レバー	50g
	赤ワイン	100mℓ
	トマトダイス（缶詰）	225g
	ローズマリー	少々
	ローリエ	1枚
	塩、胡椒	適量
C	小麦粉	大さじ2
	牛乳	300mℓ
	バター	35g
	塩、胡椒、ナツメグ	少々
	バター	適量
	パルミジャーノ	適量
	イタリアンパセリ	適量
	オリーブオイル	適量

つくり方

1 Aの材料でパスタ生地をつくる。全ての材料を混ぜ合わせ、しっかりと力を入れてこねたら1時間ほど休ませる。

2 Bの材料でラグーソースをつくる。オリーブオイルを熱し、みじん切りにした玉ねぎ、にんじん、セロリを炒める。少し色づいたらにんにくのみじん切りを加えて再度しっかりと炒める。

3 塩、胡椒をした合いびき肉を2に加え、肉をほぐしながら炒める。ある程度火が通ったら、粗みじん切りにし塩、胡椒をした鶏レバーを加えて、再度しっかりと炒める。全体が炒まって鍋底が焦げてきたら赤ワインを加え鍋底をこそぎ、トマトダイスを加える。

4 ローズマリーはみじん切りにして3の鍋に加え、ローリエも加える。2時間ほど煮込む。

5 Cの材料でベシャメルソースをつくる。バターを鍋で熱し、小麦粉を加えてよく混ぜ、弱火で3分ほど炒める。沸かしておいた牛乳を3回に分けて混ぜながら加え、なめらかにする。塩、胡椒、ナツメグで味をしっかり調える。4のラグーソースと一緒にボールに入れ、しっかりと混ぜ合わせたらラザニアソースの完成。

6 1のパスタ生地をできるだけ薄く伸ばし、バットのサイズ（30cm×23cm）に合わせてカットし、塩を入れたお湯で1分間ボイルする。ボイルした生地は氷水で冷やし、キッチンペーパーで水気をとる。10枚準備する。

7 バターを塗ったステンレスのバット（30cm×23cm）に6の生地を敷く。その上に5のラザニアソースを乗せて全体に伸ばし、パルミジャーノをかける。この上に再度生地を敷く。これをくり返して10層にする。

8 最後にパルミジャーノをかけたら、バターのかけらを8カ所ほど全体的に置く。あらかじめ200°Cに温めておいたオーブンで20分焼く。

9 焼き上がったらカットしてお皿に盛りつけ、刻んだイタリアンパセリ、オリーブオイルを回しかけて完成。

＊バットは他のサイズでもかまいません。

Gallina Farcita

鶏もも肉の詰め物

マルケで学んだ思い出の一品

マルケの山の料理としてご紹介したいのがこの一品。僕が大好きでマルケに行ったら必ず立ち寄る、小さな町バルニにあるB&B「ダ・グスティン」で、この料理を教えてもらいました。ウサギの肉でサルシッチャ（腸詰め）の中身をロールするのですが、地元のウサギ肉、サルシッチャ、パンチェッタ（豚バラ肉の塩漬け）を使って調理した味は絶妙でした。ローストして煮出した肉汁にポレンタ粉を混ぜて濃度をつけるところが素朴な家庭料理らしいところです。

日本では材料を入手しにくいので、鶏肉、豚ひき肉、ベーコン、小麦粉などを代用してつくってみてください。それでもすごくおいしいですよ。

材料（4〜6人分）

鶏もも肉	4枚
塩、胡椒	適量
A 豚ひき肉	500g
塩	小さじ2
黒胡椒	4g
白ワイン	小さじ1
にんにくのみじん切り	少々
卵	1個
パン粉	大さじ1と⅓
パルミジャーノ	25g
グリーンオリーブ	5個
タコ糸	適量
オリーブオイル	適量
白ワイン	大さじ2

つくり方

1 鶏もも肉は余分な脂や太い筋などを取り、皮目を下にして開く。

2 **A**の材料をボールに全て入れしっかりと混ぜ合わせる。

3 **2**に卵、パン粉、削ったパルミジャーノ、荒みじんにしたグリーンオリーブを加えて混ぜ合わせる。詰め物の完成。

4 **3**の詰め物を4等分し、棒状にしたら、塩、胡椒をした**1**の鶏もも肉を広げて真ん中に置く。
鶏もも肉で詰め物を巻き、ロール状にしたらタコ糸で縛る。これを4本つくる。

5 フライパンにオリーブオイルを入れて火にかける。温まったら**4**の鶏もも肉を入れ、全体に焼き色をつける。

6 焼き色がついたらクッキングシートを敷いたバットに乗せ、あらかじめ200°Cに温めておいたオーブンに入れて20分焼く。10分経ったら白ワインを鶏もも肉にかけて、さらに10分間焼き上げる。

7 焼き上がった**6**をとり出し、タコ糸を切って切り分け、お皿に盛りつける。お好みでじゃがいもローストやルッコラサラダ、マスタード、レモンなどを添えて完成。

Lumache di mare in porchetta

黒バイ貝のマルケ煮

ハーブが香る海鮮料理

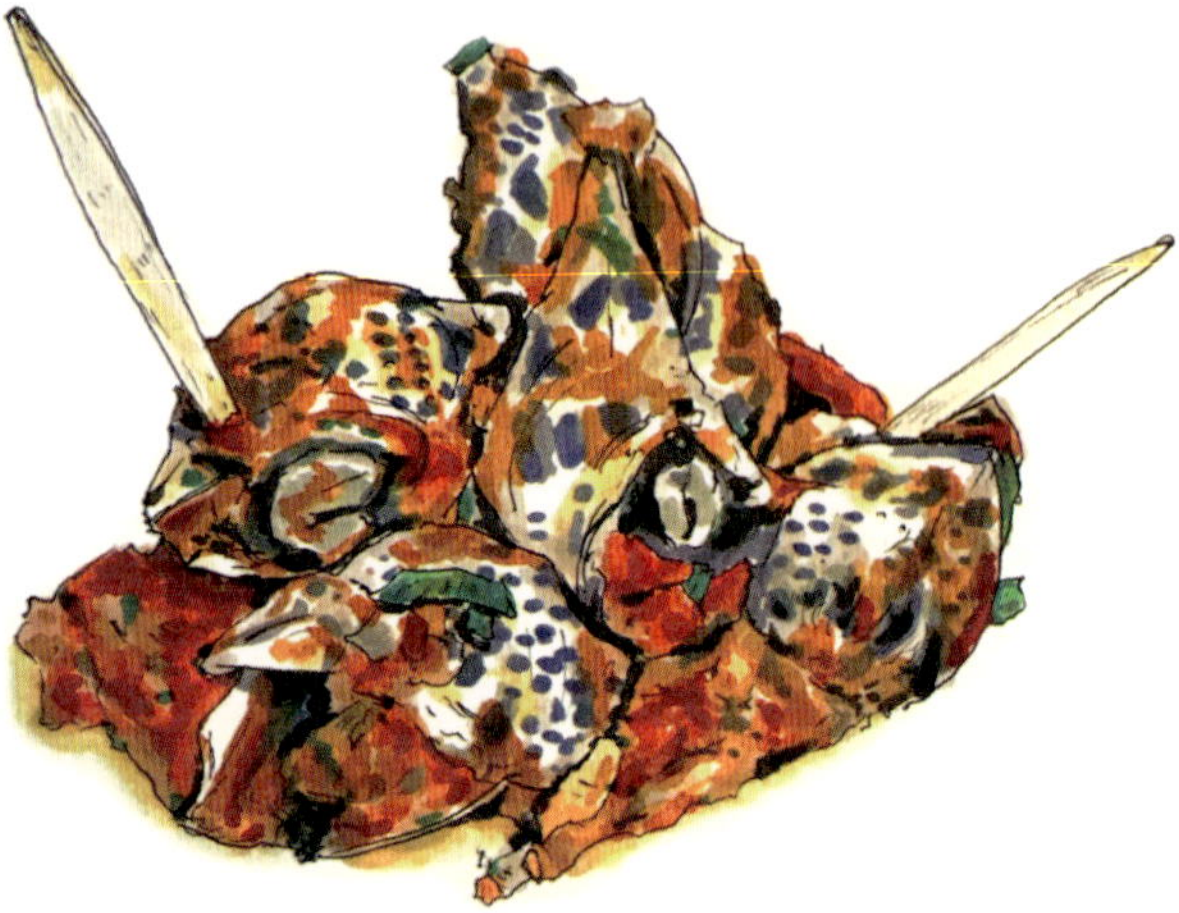

マルケで海沿いのレストランに行くと前菜によく出る巻き貝の中身を爪楊枝で引き出して食べる料理です。ソースはパンにつけて食べます。マルケには「フィノッキオ・セルバティコ」という野生のフェンネルが生えているのですが、それをハーブとして使います。僕の店では代わりにディルを使っています。

あさりのような貝だと火が入り過ぎるので、巻き貝を使います。巻き貝なら何でもいいですが、白バイ貝は殻が弱いので、できれば黒バイ貝を使うのがおすすめです。黒バイ貝を見つけたときにぜひチャレンジしてみてください。スーパーになくても市場には結構あります。簡単にできておいしいですよ。

材料（4〜6人分）

黒バイ貝……1kg

A 玉ねぎ……½個
にんじん……½本
セロリ……¼本
黒胡椒（ホール）……約10粒
にんにく（皮付き）……1片
ローリエ……1枚

B オリーブオイル……120mℓ
玉ねぎ……⅙個（30g）
にんじん……⅕本（30g）
セロリ……⅓本（30g）

煮汁……300mℓ
水……200mℓ
トマトダイス（缶詰）……500g
ハーブ（ディル、セージ、バジル、イタリアンパセリなど）……適量

つくり方

1. 黒バイ貝を流水でしっかりと洗い、ザルに上げて水気を切る。
2. 鍋に3リットルの水を入れて塩を36g加える（分量外）。洗った黒バイ貝、**A**の玉ねぎ、にんじん、セロリの香味野菜、黒胡椒ホール10粒ほど、潰したにんにく、ローリエを加え火にかける。沸いたら1時間弱めの中火で煮る。
3. 1時間煮たらザルに上げ、煮汁を300mℓとっておく。黒バイ貝と香味野菜はとり出しておく。
4. 鍋に**B**のオリーブオイルを熱し、**B**の玉ねぎ、にんじん、セロリをみじん切りにして加え、火にかけてしっかりと炒める。野菜が色づいてしっかりと炒まったらトマトダイス、煮汁、水を加え沸かす。
5. 沸いたら**3**の黒バイ貝を加え弱火で30分ほど煮る。
6. 水分が減り濃度がついたら火を落とし、細かく刻んだハーブを加えてよく混ぜる。
7. お皿に盛りつけて完成。爪楊枝などで身をとり出しソースと絡めて食べる。

Panettone di Pasqua

パネットーネ・ディ・パスクワ

パスクワの定番料理を日本でも

マルケではパスクワ（復活祭）の時期になると、このチーズ入りパネットーネを食べます。別名ピッツァ・ディ・パスクワ。ブリオッシュのような生地にパルミジャーノやペコリーノチーズなどを入れて、コショウを効かせて焼きます。イタリアにはクリスマスの時期に食べられるパネットーネというお菓子があるのですが、それとはまた別の物になります。

マルケのマンマたちはパスクワが近づくと家族のためにパネットーネ・ディ・パスクワをせっせとつくります。師匠のモレーノもパスクワの時期につくって、賄いとして僕らに食べさせてくれました。焼きたては中のチーズが伸びて、おいしいですよ。

材料（4個分）

A	小麦粉	200g
	生イースト	小さじ2（※）
	砂糖	小さじ2と½
	牛乳	大さじ2と⅔
	卵	1～2個（70g）
	バター	70g
	卵黄	1個分
B	パルミジャーノ	10g
	白胡椒	小さじ2
	塩	小さじ⅕
	ミックスチーズ	25g

※ドライイーストを使用する場合は小さじ1

つくり方

1 ケーキの生地をつくる。Aの材料を全て合わせ、ミキサーで5分間回す。

2 生地をミキサーで回しながら、分量のバターを少量ずつ加えていく。全て加えてバターが生地とまとまったら卵黄を加える。

3 Bの材料を加え、1分間ミキサーで回す。

4 ミキサーからとり出し、手でまとめて丸くする。その後ラップをして15分ほど置き、一次発酵させる。

5 一次発酵後、4等分（約100gずつ）に切り分ける。丸くまとめたら、ラップをして15分休ませる。

6 麺棒で伸ばし、真ん中にキューブ状に切ったミックスチーズを入れて閉じる。閉じた面を下にしてバター（分量外）を塗った4つの容器（内径8cm×高さ5.5cm）にそれぞれ入れる。4個とも入れ終わったら、生地の上に卵黄を塗り、ラップをして1時間発酵させる。

7 発酵後、165°Cのオーブンで20分焼く。容器から外し粗熱をとったら完成。

＊容器は市販の紙製マフィンケーキカップ（4～5つ）でもかまいません。

Seppia e Piselli

グリーンピースとイカの煮込み

シンプルだけど心に残る味わい

こちらもマルケ州の伝統的家庭料理の一つ。お惣菜屋さんでもときどき売っていましたし、師匠のモレーノもよく急に思いついてはつくっていました。普段創作料理をつくっていても、やはりこういう家庭料理を食べたくなるときがあるんでしょうね。

大きな鍋でイカとグリーンピースをぐつぐつ煮込むと、厨房に優しい香りが漂ってきます。最後に卵をポンと落とす。必ず一人1個。イカとグリーンピース、トマトソースが絡まった出し汁に半熟の卵を合わせて食べるとマルケに戻った気分になります。汁をパンにつけて食べるとまたおいしい。グリーンピースが旬の時期に食べるのがおすすめです。

材料（4人分）

ヤリイカ	2杯
玉ねぎ	1/6個（25g）
にんにく	1片
とうがらし	1本
オリーブオイル	大さじ2
白ワインビネガー	大さじ1と2/3
トマトダイス（缶詰）	150g
冷凍グリーンピース	500g
ローリエ	5枚（1g）

【魚の出汁】

水	500g
香味野菜（玉ねぎ、にんじん、セロリなど）	少々
煮干し	一つかみ
塩	小さじ4/5
オリーブオイル	大さじ1
にんにく（皮つき）	1個
イタリアンパセリ	少々
魚のアラ	200g

半熟卵	適量

つくり方

1 魚の出汁をとる。鍋に水、塩、香味野菜、煮干しを入れ、火にかける。

2 フライパンでオリーブオイルを熱し潰した皮つきにんにく、イタリアンパセリ、魚のアラを入れ、焼き目をつける。

3 1の鍋にアラをオイルや野菜ごと加える。沸かして10分煮出し、シノワでこしたら、魚の出汁の完成。

4 ヤリイカの薄皮を剥ぎ、内臓をとって水洗いして輪切りにする。玉ねぎと、にんにくはみじん切りにする。

5 鍋にオリーブオイル、玉ねぎ、にんにく、とうがらしを入れて火にかける。玉ねぎとにんにくが少し色づいたら白ワインビネガーを加え、弱火にして水分を飛ばす。

6 トマトダイスと3の魚の出汁を加えて強火にする。同時にローリエも加える。沸騰したら塩（分量外）を少しふったイカを加え、15分中火で煮る。

7 お湯に塩（分量外）を少々入れ、グリーンピースを1分間ボイルし、6に加えて5分煮る。

8 お皿に移しオリーブオイルを回しかけて完成。お好みで半熟卵をのせる。

Spiedini di Gamberi

海老のスピエディーニ パン粉焼き

お酒との相性抜群！

スピエディーニというのはイタリアの串焼き料理のことです。エビ以外でも魚介類ならほぼ何でもＯＫ。イカ、サバ、アンコウ、イワシなどをよく使います。イタリアにはモリーカという、炒ったパン粉にオリーブオイルとにんにく、塩コショウ、パセリを少々加えた香草パン粉があります。それをつくっておき、串に刺した魚介につけて焼くだけの簡単レシピです。日本にある材料だけでつくれますのでぜひ試してください。

スピエディーニは前菜のあとのメインディッシュとして、トマトサラダなどを合わせていただくのが一般的ですが、白ワインとの相性も抜群なので、おつまみのように食べるのもいいと思います。

材料（2人分）

海老（ブラックタイガーなど）	6尾
竹串	2本
パン粉	50g
オリーブオイル	大さじ1
イタリアンパセリ（みじん切り）	小さじ2/5
にんにく（みじん切り）	適量
オリーブオイル	大さじ2
塩、胡椒	少々
オリーブオイル	適量
レモン	適量

つくり方

1 ザルにパン粉を入れてすり潰し、パン粉を細かくする。

2 フライパンにオリーブオイル（大さじ1）、1のパン粉を入れて火にかけ、パン粉が焦げないように炒る。

3 パン粉をボールに移しオリーブオイル（大さじ2）を回しかけ、イタリアンパセリのみじん切り、にんにくのみじん切り、塩、胡椒を加えてしっかりと混ぜ合わせる。

4 殻をむき、背ワタをとった海老を竹串に刺す。軽く塩、胡椒をする。

5 海老にオリーブオイル（適量）をかけ、海老全体にパン粉をまとわせる。

6 フライパンでオリーブオイル（適量）を温め、焦げないように両面を焼く。

7 少量残しておいたみじん切りのパセリを、仕上げにかけてレモンを添えたら完成。

Cicerchiata

チチェルキアータ

イタリアの雷おこし

2月のカーニバルの時期になると、イタリアでは地方ごとに特有の伝統菓子が並びます。マルケではカーニバルのお菓子と言えばこのチチェルキアータ。最近ではカーニバルの時期以外でも食べられる人気菓子です。

小麦粉からつくった生地を揚げてハチミツやナッツで和えただけ。素朴な味だからこそ、ときどき無性に食べたくなったりするんですよね。マルケでは朝ご飯に食べたりもしていました。マルケっ子はほとんどみんなこれを食べて育っているんじゃないかな。たくさんつくり過ぎたら冷凍保存しておくこともできますよ。ちなみに、僕の店ではココアパウダーを使ったアレンジをしています。

材料（4人分）

A 小麦粉	400g
卵	3個
アニスリキュール	大さじ1と⅓
溶かしバター	100g
砂糖	150g
ミックスナッツ	250g
ハチミツ	200g
オレンジの皮、レモンの皮	適量
ひまわり油	適量

つくり方

1 Aの材料を全て合わせ、しっかりとこねる。生地を丸めてラップをしたら1時間休ませる。

2 1の生地を4等分にカットする。それぞれ手で棒状に伸ばし、1cmほどのボール状にカットする。

3 2を170°Cに熱したひまわり油で揚げる。こんがりと色づいたらキッチンペーパーにあげて、油をとる。

4 鍋に砂糖とハチミツを入れて火にかける。溶けたらミックスナッツ、削ったオレンジの皮とレモンの皮を加えて混ぜ合わせる。

5 3を4の中に入れてしっかりと混ぜ合わせる。

6 お皿に盛り付けたら完成。食べきれない場合は、バットにクッキングシートを敷いた上にチチェルキアータを乗せて、冷凍庫へ。

おわりに

イタリアが好きで、修業を始めた頃から料理のみならず、イタリアのことなら何でもがむしゃらに学んできました。

イタリアでまず、ピエモンテとトスカーナで過ごしたわけは、日本で美食の地と称される二つの州に行ってみたかったからです。イタリア語もままならない状態でしたが、修業という名目に身を置き、知識だけを膨らませていました。

マルケの土地に足を踏み入れたのはイタリア修業後半。料理人をはじめた頃はマルケの土地に辿り着くとは微塵も思っていませんでした。

その頃にはイタリア語にも慣れ、修業中の日本人という感覚と料理人でいなければならないという概念が薄れると、一人の人間として生活したいと思うようになりました。

何も持っていなかったのに、何者かになりたくて必死だった若かりし自分。そんな自分が少し丸くなったというか、よく言えばイタリアらしくなったというか……。それを感じさせてくれたのがマルケでした。

年齢的には立派な大人でしたが、日々の生活の中で人々の思いに触れることで、成長させてくれた場所。仲間たちと切磋琢磨した毎日の中でぶつかり合い、分かち合い、一人の人間として認められてくると、それが自分の居場所となっていきました。

気づいたときには、故郷はここなのかもしれないという気持ちになっていました。今でも僕の心の中にあり、原動力となっているのは、マルケで過ごした〝日々〟です。

一見地味に見えるマルケ。派手な観光地は無く、ローマやミラノといった大都市からのアクセスはいまいちで、出くわすのは聞いたことのない料理ばかり。

それでも、車を走らせていると見える緑と茶色のコントラストのきれいな丘陵、電車の車窓から見える長く続く海岸線。点在する個性豊かな小さな街と人情深い温かい人々。滋味深いマルケにぜひ足を踏み入れ感じて欲しいと思います。

ぜひ「ａｎｉｋò」でマルケのいい所を語り合いたいものです。

最後に、この本を手に取っていただいた方々へ心より御礼申し上げます。

本を出版するきっかけをくださったライフマネジメント株式会社の松本隆宏さんには感謝してもしきれません。出版に関してのさまざまなことに尽力してくださった株式会社マーベリックの大川朋子さん、奥山典幸さん、大畑夏穂さん、渡辺伊佐子さん、素敵な本にしあげてくださったデザイナーの坂川朱音さん、小木曽杏子さん。そして、今回の出版を快諾してくださった西日本出版社の内山正之社長に感謝申し上げます。

ａｎｉｋò　オーナーシェフ　**井関誠**

井関 誠《いせき まこと》

「anikò」オーナーシェフ。
広島県出身。20歳で上京し都内のレストランで修行後、2004年に渡伊。ピエモンテ州、トスカーナ州、マルケ州で計10年間修行し、帰国。2019年、赤坂にマルケ料理専門店「anikò」をオープン。4年連続ミシュランのビブグルマンを獲得する。2025年鎌倉市に2店舗目を出店。

anikò
公式HP

Instagram
(@aniko_enoshima)

※本書に掲載したデータは2025年3月現在のものです。
内容が変更される場合がありますので、事前にご確認ください。

イタリアの田舎町 マルケの旅

2025年4月18日 初版第一刷発行

著　者　井関 誠

発行者　内山正之

発行所　株式会社西日本出版社
〒564-0044 大阪府吹田市南金田1-8-25-402
[営業・受注センター]
〒564-0044 大阪府吹田市南金田1-11-11-202
Tel 06-6338-3078 fax 06-6310-7057
郵便振替口座番号 00980-4-181121
https://www.jimotonohon.jp/

装丁　坂川朱音(朱猫堂)

本文デザイン　坂川朱音+小木曽杏子(朱猫堂)

構成　渡辺伊佐子

企画・編集　マーベリック(大川朋子、奥山典幸、大畑夏穂)

編集協力　嶋屋佐知子

取材協力　株式会社ユーラシア旅行社

印刷製本　株式会社光邦

ISBN978-4-908443-96-1